Klaus Rösler

Alles dient zum Besten

Klaus Rösler

Alles dient zum Besten

Lebenserinnerungen von Eckhard Schaefer

scm R.Brockhaus

Umschlag: Dietmar Reichert, Dormagen
Satz: Christoph Möller, Hattingen
Druck: CPI – Ebner & Spiegel, Ulm
ISBN 978-3-417-24954-5
Best.-Nr. 224.954

INHALT

Ein Wort vom Autor

Kann man ein Leben in einer Kurznachricht zusammenfassen? Wohl nur schwer. Denn ein Leben ist natürlich vielschichtig und facettenreich. Eine Nachricht kann dagegen nur einige wenige Akzente beleuchten. Die evangelische Nachrichtenagentur *idea* versuchte es trotzdem und brachte im Dezember 2006 eine kurze Personalmeldung:

> *Baptistenprediger Eckhard Schaefer wird 70 Jahre alt –*
> *Vom Laienprediger zum Generalsekretär seiner Kirche*
> Einer der bekanntesten freikirchlichen Theologen in Deutschland wird am 12. Dezember 70 Jahre alt: der frühere Generalsekretär des Bundes Evangelisch-Freikirchlicher Gemeinden (Baptisten- und Brüdergemeinden), Pastor Eckhard Schaefer (Bremen). Er wurde im ostpreußischen Pillau geboren. Schon als Jugendlicher hielt der gelernte Einzelhandelskaufmann Bibelstunden und Predigten in Ostwestfalen. Seine theologische Ausbildung absolvierte der Sohn eines im Zweiten Weltkrieg gefallenen Baptistenpredigers am Theologischen Seminar seiner Freikirche in Hamburg. Anschließend arbeitete er als Jugendpastor und Gemeindepastor 16 Jahre in Hannover. Er baute dort die Baptistengemeinde Hannover-Süd und die christliche Drogen-Rehabilitationsarbeit »Neues Land« auf. Schaefer gilt als leidenschaftlicher Prediger und auch als »Erfinder« der christlichen Teestuben-Arbeit. Von 1979 bis 1988 war er als Gemeindepastor in Bremen tätig, davon die letzten drei Jahre auch als Dozent für Praktische Theologische am Theologischen Seminar. Von 1988 bis 2000 arbeitete er zunächst als Bundesdirektor und dann als Generalsekretär in der Zentrale der Freikirche, die damals in Bad Homburg bei Frankfurt am Main ihren Sitz hatte. In seine Amtszeit fiel die Verlegung des Theologischen Seminars 1996 von Hamburg nach Elstal bei Berlin. Er engagierte sich auch zwischenkirchlich und international. So gehörte er dem Präsidium der Vereinigung Evangelischer Freikirchen (VEF) sowie den Leitungsgremien des Baptistischen Weltbundes und der Europäischen Baptistischen Föderation an. Auch im Ruhestand leitete er zwei Jahre lang die nach dem Fall des Eisernen

Vorhangs gegründete Osteuropahilfe seiner Freikirche. Sie transportierte insgesamt Waren und Hilfsgüter im Wert von über 60 Millionen Euro in die Länder des früheren Ostblocks, darunter ganze Klinikeinrichtungen, Bäckereien und Lehrlingswerkstätten. Bis heute gehört er dem *idea*-Vorstand an. Darüber hinaus ist er weiter als Prediger im In- und Ausland aktiv und engagiert sich in der charismatisch geprägten Geistlichen Gemeinde-Erneuerung seiner Kirche. Schaefer ist verheiratet und hat mit seiner Frau Christa drei erwachsene Töchter.

Ich bekenne: Ich habe diese Meldung geschrieben, als idea-Mitarbeiter. Manchmal denke ich, dass Gott schon eine gehörige Portion Humor hat. Diesem Humor verdanke ich es, dass ich erstens Eckhard Schaefer persönlich kennengelernt habe, dass ich zweitens nun wieder dort tätig bin, wo Eckhard Schaefer mich seinerzeit abgeworben hatte – bei *idea*. Denn eigentlich hatte ich die Redaktion verlassen. Mitte der 1990er-Jahre habe ich von ihm völlig überraschend einen Anruf erhalten. Er wollte mich zur Mitarbeit im Bund Evangelisch-Freikirchlicher Gemeinden (BEFG) gewinnen. Und er bot mir zwei halbe Stellen an: in der Öffentlichkeitsarbeit seiner Freikirche und in dem damals noch zum Bund gehörenden Oncken Verlag in Kassel. Ich willigte ein. Denn in seinem Anruf konnte ich für mich persönlich zugleich auch eine Anfrage Gottes sehen. Was folgte, war eine überaus bewegte, hektische, aber auch sehr schöne Zeit im Bund Evangelisch-Freikirchlicher Gemeinden. ER wurde für mich so etwas wie ein väterlicher Freund – bis er in den Ruhestand ging und nach Bremen umzog. Mit der späteren Verlegung des Bundesmissionshauses von Bad Homburg nach Elstal bei Berlin wechselte ich ganz in den Oncken Verlag nach Kassel. Von dort wurde ich dann für zwei Tage in der Woche als Redakteur »ausgeliehen« – zurück zu meinen journalistisch-christlichen Wurzeln, die für mich *idea* heißen.

Ich kannte Eckhard Schaefer bis zu dem Anruf nur vom Hörensagen und durch einige wenige Begegnungen auf Veranstaltungen, an denen ich als Redakteur teilgenommen hatte. Als ich gerade frisch in Hannover mein Studium begonnen hatte, Ende der 1970er-Jahre, da schleppten mich Freunde aus der Studentenmission SMD mit in die Baptistengemeinde Hannover-Süd. Der Gemeindepastor dort gäbe seinen Abschied. Der sei so toll, den sollte ich unbedingt kennenlernen. Doch wie kann man jemanden kennenlernen, der von allen Seiten umlagert wird, mit dem viele Menschen viele Worte zu wechseln hatten und der so unscheinbar aussieht? Ich war von dem Abend eher enttäuscht. Über 20 Jahre später habe ich meine Meinung über den Mann geändert, als ich Eckhard Schaefer persönlich begegnet bin. Ein Abschiedsgottesdienst mit Empfang ist wohl auch nicht die beste Gelegenheit, einen Menschen überhaupt kennenzulernen.

Ich habe ihn als einen geistlichen Leiter erlebt, der mithilfe des Konjunktivs auch aus den verfahrendsten Situationen eine Lösung finden kann: Könnte man nicht …? Wäre es nicht besser, wenn …? Er fragt, fasst zusammen, regt an, überlässt seinem Gesprächspartner selbst die Entscheidung, von der er längst überzeugt ist. Wie er es anstellt, dass diese Gesprächspartner in der Regel seine Meinung übernehmen, habe ich in den fünf Jahren, in denen wir zusammengearbeitet haben, nicht herausbekommen.

Auf vielen Autofahrten haben wir über Gott und die Welt geplaudert. Unvergessen bleibt mir dieser Hinweis von ihm: Jeder, der einen freikirchlichen Gottesdienst besucht, sollte – egal über welchen Text der Bibel gepredigt wird – hören, wie dieser Bibelabschnitt mit Kreuz und Auferstehung Jesu Christi vernetzt ist. Darum geht es. Für allgemeine Lebensweisheiten, die man vielleicht auch in einer Volkshochschule lernen kann, sei nicht unbedingt eine Predigt der richtige Ort.

Wer jemals die Chance hatte, Eckhard Schaefer bei einer Predigt zuzuhören, bekam von ihm für diese Haltung immer die entsprechenden »Buchungsbelege«.

Als er mich bat, ihm beim Schreiben eines Buches über sein Leben behilflich zu sein, da war mir klar: Ja, das mache ich. Doch Eckhard Schaefer wäre nicht Eckhard Schaefer, wenn er für dieses Buchprojekt viel Zeit gehabt hätte. Auch im Ruhestand gab und gibt es für ihn so viele Termine, sodass wir kaum dazu gekommen sind, ausführlich über sein Leben zu sprechen. So bleibt – bei aller Sorgfalt – auch diese Zusammenstellung seines Lebens sicher vorläufig. Es gibt bestimmt viele Menschen, die noch mehr interessante Erlebnisse mit ihm hätten beisteuern können; die ganz andere, eigene Erfahrungen mit ihm gemacht haben. Die meisten dürften ihn dabei erlebt haben wie ich – als einen geistlichen Ermutiger. Charakteristisch für diese Haltung dürfte seine Feier des 70. Geburtstags in der Kreuzkirche in Bremen gewesen sein. Er hatte alle Redner gebeten, nicht ihn zu bejubeln, sondern zu einem Thema zu sprechen, das er für wichtig hielt: »Anstiftung zur Zukunft«.

Klaus Rösler

Vorwort von Eckhard Schaefer

Warum gibt es dieses Buch? Ich kann nur eine persönliche Antwort geben: Weil meine Kinder mich immer wieder gefragt haben: Papa, wie war das früher? Ich wollte ihnen deshalb eigentlich einen Brief schreiben. Auch für die Enkelkinder. Sie sind begeistert, wenn ich von früher erzähle. Und dankbar, dass sie durch Opas Erinnerungen einen lebendigen Geschichtsunterricht erleben können. Dann ist es mir auch wichtig, mich selber zu erinnern – auch und gerade an die vielen Erlebnisse mit Gott, die mein Leben geprägt haben. Diese Erfahrungen sollen nicht in Vergessenheit geraten. Vielleicht können sie auch manchem Leser einen geistlichen Anstoß vermitteln? Der Brief, den ich eigentlich schreiben wollte, wäre wohl eher kurz geworden. Doch dann hat der bekannte christliche Publizist Ulrich Eggers mich ermutigt, etwas tiefer zu schürfen und meine Erfahrungen in Buchform aufzuschreiben. Aber das fällt mir schwer. Erzählen dagegen kann ich. Deshalb habe ich dem Journalisten Klaus Rösler von mir erzählt. Wir kennen uns aus der Zusammenarbeit im Bund Evangelisch-Freikirchlicher Gemeinden.

Was habe ich nicht alles erlebt und überlebt! Wenn man die 70 Jahre überschritten hat, denkt man über vieles nach. Auch darüber, was das Leben eigentlich gebracht hat. Was trägt? Was trügt? Andere Menschen können einem helfen, hier eine glaubwürdige Antwort zu finden. Mir geht es jedenfalls so. Gelegentlich sprechen mich Leute nach einer Predigt an: »Kennst du mich noch? Wir waren mal zusammen auf einer Freizeit.« Oder: »Wir haben gemeinsam eine Rufer-Woche durchgeführt!« Das war eine christliche Veranstaltungsreihe, von der später noch die Rede sein wird. Oder: »Ich habe dich noch von einer Evangelisation oder Bibelwoche in Erinnerung.« Manchmal sind diese Rückmeldungen für einen Verkündiger des Evangeliums ermutigend, manchmal auch nicht, manchmal sind sie zum Schmunzeln.

Vor über 20 Jahren war ich von einer Gemeinde zu einer Evangelisation eingeladen worden. Damals gab es in meiner Freikirche einen speziellen Veranstaltungstyp »Evangelia«. Wir versuchten, große Hallen zu füllen. »Evangelia« war dafür ein eingeführtes Markenzeichen.

Dort wurde konsequent zum Glauben an Jesus Christus und in seine Nachfolge eingeladen. 20 Jahre später also spricht mich nach einem Gottesdienst eine Frau an: »Ich werde die Evangelisation nicht vergessen. Da habe ich mich für Jesus Christus entschieden.« Das hört ein Evangelist natürlich gerne. Wenige Augenblicke später begrüßt mich eine andere Glaubensschwester: »Ich werde die Evangelisation nicht vergessen.« Es war offenbar eine gesegnete Veranstaltung, wenn sich gleich zwei Frauen daran erinnern. Und ich freue mich über die Bemerkung. Doch dann fährt die zweite Frau fort: »Ich kann den Witz, den Sie damals erzählt haben, nicht vergessen.« Sie lacht mich an. Das freut mich für diese Frau. Doch ich kann mich nicht mehr daran erinnern, welchen Witz sie wohl meint. Letztlich freue ich mich aber über beide Äußerungen. Doch sie stimmen auch demütig. Die Frage bleibt offen: Was bleibt, wenn man zurückschaut? Was war wichtig, was nichtig? Was überdauert die Zeit und was waren dagegen geistliche Eintagsfliegen?

Im Gespräch mit Klaus Rösler habe ich versucht zu erläutern, was mir wichtig ist. Er hat auch einige Weggefährten gefragt. Deren Antworten sind in diese Erinnerungen mit eingeflossen. Erinnerungen sind wie eine Schatztruhe. Und jemand hat einmal gesagt: Sie sind das einzige Paradies, aus dem wir nicht vertrieben werden können.

Eckhard Schaefer

Einleitung

Er hat sich geziert. Er meint, er sei nicht so wichtig oder bedeutend, als dass er seine Erinnerungen hätte aufschreiben lassen sollen wie manche echten oder vermeintlichen Prominenten: Eckhard Schaefer. Dabei ist er in seiner Freikirche, dem Bund Evangelisch-Freikirchlicher Gemeinden, sehr bekannt. Viele, die ihn kennen, bekommen leuchtende Augen, wenn sein Name im Gespräch fällt. Sein Wort zählt, seine Meinung ist gefragt. Auch im so oft zitierten »aktiven Ruhestand« oder »Unruhestand« ist er mehr unterwegs als zu Hause in Bremen. Er hält Bibelwochen landauf, landab und wird zu Vorträgen eingeladen. In den ersten sieben Jahren nach seiner Pensionierung hat er 140 Gemeinden besucht, um sie in ihrer Arbeit zu unterstützen. Und wenn es irgendwo in einer Gemeinde zwickt und zwakkt, fragt man ihn gerne um Rat. Doch er hält sich immer erst etwas zurück, bevor er überhaupt seine Zustimmung zu solchen Anfragen gibt. Er ist davon überzeugt, dass das aktuelle Geschäft in einer Kirche von den nunmehr Verantwortlichen getan werden soll – nicht von Rentnern wie ihm. Aber manche Gemeinden sind beharrlich, und er versucht doch zu helfen. Er war schließlich einmal der Generalsekretär des Bundes, wobei er sich immer mehr als Sekretär denn als General verstanden hat. Und es hat nichts mit Kokettieren zu tun, wenn er sagt: »Ich brauche kein Buch über mich.« Seine Bescheidenheit ist echt. Vielleicht braucht er es wirklich nicht. Aber wir anderen, die wir ihn kennen, wir brauchen es. Denn von seinen Erfahrungen, seiner Sicht der Welt und seinen Glaubenserfahrungen können auch wir profitieren.

Dieses Buch ist kein Bericht über sein Leben, keine chronologische Aneinanderreihung von reinen Fakten oder eine Ansammlung von Anekdoten. Vielmehr ist es eine sehr subjektive Zusammenstellung von Teilaspekten – von reflektierten Erfahrungen. Deshalb wird es in diesem Buch immer wieder einige Zeitsprünge geben. Eckhard Schaefer ist sich selber nicht ganz sicher, ob ihm seine Erinnerung nicht mitunter auch einen Streich spielt. Er sagt deshalb: »Wer manches besser weiß, möge es mir nachsehen. Ich bin ein alter Mann.« Doch zugleich möchte er die großen Linien seines Lebens abstecken.

Er will dabei auch klären, warum ihm manche Erfahrungen, die er gemacht hat, später noch einmal in einem ganz anderen Zusammenhang wichtig geworden sind. Beim Nachdenken über sein Leben ist ihm auch klar geworden: Ein Leben kann man nicht zwischen zwei Buchdeckel pressen. Und manche Erwartungen wird dieses Buch sicher nicht erfüllen.

Es ist auch kein Enthüllungsbuch. Denn manche Fehlentwicklung in seiner Freikirche, von der Eckhard Schaefer berichten könnte, manches Versagen, mancher Vorwurf sind sicher besser in der Seelsorge und bei Gott aufgehoben als in der Öffentlichkeit oder in einem Buch. Manche, die ihn gut kennen, werden vielleicht ebenfalls enttäuscht sein, weil die eine oder andere Begebenheit nicht aufgeführt oder nicht ausführlich genug geschildert wurde. Er erklärt: »Das ist keine böse Absicht, sondern vielleicht schlicht Vergesslichkeit.«

1. Kindheit in Ostpreußen

Wenn Eckhard Schaefer nach seiner Heimat gefragt wird – »Woher kommst du?« –, dann antwortet er: »Aus Pillau in Ostpreußen.« Dort ist er am 12. Dezember 1936 geboren, einer damals rund 12 000 Einwohner zählenden Kleinstadt. Auch wenn er später mit seinen Eltern in Zinten in Ostpreußen lebte, ist für ihn bis heute die Seestadt Pillau der Ort, der für ihn »Heimat« bedeutet. Bis zu seiner Einschulung 1943 hat er jedes Jahr viele Monate in Pillau verbracht. Denn dort lebten seine Großeltern, und bei denen war er immer wieder zu Besuch. Erst anschließend begann – kriegsbedingt – sein Nomadenleben: Er musste gemeinsam mit seiner Mutter Lydia Schaefer und seinem jüngeren Bruder Dietmar vor den heranrückenden Truppen der Sowjetarmee fliehen. Sein Vater war an der Front.

Vater Karl Schaefer war Baptistenpastor in Zinten. 1939 wurde er in die Wehrmacht eingezogen. Sein Sohn Eckhard war damals drei Jahre alt. Die Erinnerungen an seinen Vater sind deshalb sehr blass. Was er weiß, woran er sich »erinnert«, sind wohl weniger eigene Erfahrungen mit seinem Vater als vielmehr Erzählungen seiner Mutter. Danach war sein Vater beides: einfühlsam und streng. Der Vater hat mit den beiden Kindern Eckhard und Dietmar viel und gerne gespielt. Aber er konnte auch Grenzen setzen. Sein Arbeits- und Dienstzimmer war das »Allerheiligste«, mindestens aber so etwas wie der Vorhof zum Tempel im Alten Testament. So jedenfalls erschien es den Kindern. Ohne anzuklopfen, durften die Kinder diesen Raum nie betreten. In der Nacht von Samstag auf Sonntag war der Raum für sie völlig tabu. Denn da übernachtete der Vater in seinem Arbeitszimmer. Bis zur Predigt am Sonntagmorgen war er dort für niemanden zu sprechen, außer für Gott. Da wurde der Raum zum »Gebetskämmerlein«. Auch seine Bücher waren für die Kinder tabu.

Eckhard Schaefers Vater stammte aus Masuren. Er war nur vier Jahre lang zur Grundschule gegangen und hatte anschließend bei seinem Vater das Schneiderhandwerk erlernt. Nach seiner geistlichen Berufung zum Pastor musste er deshalb zunächst einmal den Schulabschluss nachholen und deutsche Grammatik lernen, bevor er beginnen konnte, Griechisch zu lesen und verstehen zu lernen. Vor der Aufnahme zum Studium musste er zwei Jahre lang als Bibelkolporteur oder Bibelverkäufer von Haus zu Haus gehen.

Wenn Eckhard Schaefer von ihm erzählt, dann sieht er ihn in seiner Erinnerung in Zinten auf der Kanzel stehen, immer im schwarzen Anzug und mit einem weißen, gestärkten Hemd. Aufgabe seiner Mutter war es am Samstag, dafür zu sorgen, dass der Ehemann am Sonntag mit Manschetten und gestärktem Kragen picobello auf der Kanzel aussah.

Karl Schaefer besaß ein DKW-Motorrad, mit dem er über Land fuhr, um dort in teilweise sehr kleinen Gruppen Bibelstunden zu halten. Es waren sehr einfache Lebensverhältnisse. Wenn es spät wurde, übernachtete er oft bei den Leuten, die er besuchte, im Ehebett der Gastgeber. Es wurde ihm frisch bezogen großzügig zur Verfügung gestellt. Gastfreundschaft wurde wirklich großgeschrieben. Allerdings brauchten die Gastgeber für sich selbst ja auch einen Schlafplatz. Was tun? Kurz vor dem Einschlafen hörte Eckhard Schaefers Vater nicht selten die Kinder der Gastgeber rufen: »Können wir schon kommen?« Dann wurde es recht eng im Bett. Zunächst kamen die Kinder und später auch die Eheleute. Bevor der Prediger dann am nächsten Morgen aufwachte, waren die Mitschläfer schon längst wieder aufgestanden und verschwunden.

Während des Krieges hat Eckhard Schaefer seinen Vater nur dreimal gesehen, als dieser Urlaub von der Front hatte. Seine Mutter war in großer Sorge, auch wegen seiner Verkündigung. Er war sicher nicht im Widerstand gegen die Nationalsozialisten und Adolf Hitler tätig. Aber von der Kanzel verkündigte er, was er glaubte. In einer Weihnachtspredigt zitierte er aus Johannes 4,22: »Das Heil kommt von den Juden.« Daraufhin bekam die Familie Schaefer prompt Besuch von der Geheimen Staatspolizei (Gestapo). Ein Gottesdienstteilnehmer hatte ihn wegen dieses Bibelwortes denunziert. Allerdings ging die Sache offenbar ohne Komplikationen über die Bühne – vielleicht auch deshalb, weil der Vater bereits wieder an der Front war. Die Verbindung zum Vater erfolgte über die Feldpost. Wenn der Briefträger einen Feldpostbrief ablieferte, dann hieß es freudig: »Post vom Vater.« Und die Familie versammelte sich, um gemeinsam den Brief zu lesen.

Im Februar 1945 kam – da war die Familie schon auf der Flucht –

ein solcher Brief mit einer vermeintlich guten Nachricht. Darin hieß es, dass der Vater an einem Offizierslehrgang in Thüringen teilnehmen sollte. Er selber hatte sich auf die Versetzung gefreut, die ihn von der Ostfront wegbringen würde. Denn er war davon überzeugt, dass der Krieg schon verloren war, und er rechnete sich aus, dass er es in amerikanischer Gefangenschaft besser haben würde als in sowjetischer. Er hoffte, dass er als Baptistenpastor bei den Amerikanern auch schneller wieder aus der Gefangenschaft entlassen werden würde. Doch dazu kam es nicht mehr. Der Vater kam bei den letzten Gefechten mit den Amerikanern am 21. April 1945 in Thüringen in der Nähe von Friedrichroda ums Leben – wenige Tage vor Kriegsende. Diese traurige Nachricht erhielt die Familie aber erst zwei Jahre später.

Die Feldpost des Vaters hat das Leben von Eckhard Schaefer auch geistlich geprägt. Denn in den Briefen berichtete sein Vater davon, wie er zusammen mit Fritz Busch, einem evangelischen Pastor und Bruder des bekannten Theologen und Buchautors Wilhelm Busch, sowie mit einem katholischen Priester an der Front das Abendmahl gefeiert hatte. Das war damals für einen Baptisten mit einem durchaus exklusiven Glaubensverständnis keine Selbstverständlichkeit. Schaefer wirft bis heute deshalb immer wieder einen Blick über den eigenen Kirchenzaun.

Gottesdienste während der Kriegszeit

Zurück zur Heimat Ostpreußen. Der Vater war im Krieg, wie auch viele andere Baptistenpastoren. Wie feiert man in so einer Situation Gottesdienst? Wenn die, die etwas zu sagen hätten, es nicht sagen können, weil sie Krieg führen müssen? Der Ausweg bestand darin, dass Predigten von bekannten oder weniger bekannten Personen einfach vorgelesen wurden, zum Beispiel von Spurgeon oder Modersohn. Zugegeben: Das waren keine abwechslungsreichen, gästeorientierten Gottesdienste, wie sie heute gefeiert werden, schon gar nicht für Kinder, die am Gottesdienst teilnehmen mussten. Kindgemäße Kindergottesdienste parallel zu den Gottesdiensten für Erwachsene gab es damals ohnehin noch nicht. Zuhören und still sitzen war angesagt. Das fiel Eckhard Schaefer schon damals schwer.

Privatleben und Gemeindeleben war in seiner Familie kaum getrennt. Nach jeder Gemeindefeier zählte seine Mutter deshalb das Geschirr nach, ob denn noch alles vorhanden war. Denn natürlich ging bei den Gemeindeveranstaltungen hin und wieder etwas zu Bruch. Von der Empore des Gemeindesaales ging es direkt in die Wohnung der Familie, sodass bei den Feierlichkeiten fast alles, was in der Küche der Familie vorhanden war, auch von der Gemeinde mitbenutzt wurde. So dezimierte sich die Anzahl der Tassen der Familie direkt proportional zur Zahl der Gemeindefeierlichkeiten.

Parkplatzprobleme kannte man damals noch nicht. Im Sommer kamen viele Gottesdienstbesucher mit Kutschen zum Gemeindehaus, im Winter mit dem Schlitten. Die Pferde wurden ausgespannt und bekamen in der großen Scheune, die auf dem Gemeindegrundstück stand, Wasser und Heu. Für die Kinder war es immer ein tolles Erlebnis, wenn sie nach dem Gottesdienst mit einem Bauern in dessen Kutsche zu seinem Hof mitfahren konnten. Eine Schlittenfahrt im Winter machte den Kindern natürlich noch mehr Spaß.

Das Gehalt eines Baptistenpastors war damals sehr knapp bemessen. Aber es gab »Deputate«, also Lebensmittel. Der daraus resultierende »Segen« war allerdings unterschiedlich verteilt. Einmal bekam Frau Schaefer zu Weihnachten gleich sieben Gänse von verschiedenen Bauern geschenkt. Natürlich war es unmöglich, sie alle zu essen. Und so war die Mutter die ganzen Feiertage damit beschäftigt, das Fleisch der Gänse einzumachen. Tiefkühltruhen gab es damals noch nicht. Zu anderen Zeiten – außerhalb der Festtage – gab es weniger Geschenke.

In der Backstube

Mangel musste die Familie trotzdem nicht erleiden. Das lag vor allem an den Großeltern, Hedwig und Paul Schadwinkel. Sie lebten in Pillau, der eigentlichen Heimatstadt von Eckhard Schaefer. Dort besaßen seine Großeltern eine Bäckerei. Bis zu seiner Einschulung war er eigentlich ständig dort, erinnert er sich.

Eine Kindheit während der Kriegsjahre hatte ganz andere Rahmenbedingungen als heute. Pädagogische Defizite als Folge einer Überflussgesellschaft, wie sie heute mitunter zu beklagen sind, gab es damals nicht. Und vieles, was damals notgedrungen zum Überleben gehörte, ist heute wieder ein wünschenswertes Ziel verantwortungsbewusster Eltern, die sich für einen einfachen Lebensstil entscheiden. Eckhard Schaefer erinnert sich: »Wir hatten ein überschaubares Angebot an Spielsachen. Das meiste war selbst gebastelt. Fantasie war gefragt. Ein von einem Freund der Familie geschnitztes Holzpferd werde ich nicht vergessen, auch ein Holzgewehr. Wir spielten Krieg. Leider. Der Großvater hatte für uns einen eigenen Bunker auf dem Hof bauen lassen. Babyfertignahrung gab es nicht, dafür solide Kost aus Mutters Küche. Leider auch Zwangsernährung mit Lebertran. ›Öko‹ war ein Fremdwort, dafür aber gab es frisches Gemüse aus dem Garten am Pastorenhaus. Modische Kinderkleidung konnte man nicht kaufen – mit einer Ausnahme: Es gab Matrosenanzüge. Auch ›Boutique‹ war ein Fremdwort, das wir nicht kannten. Dafür kam eine Näherin ins Haus und schneiderte aus abgelegter Garderobe neue Kinderkleidung.«

Manchmal durfte Eckhard Schaefer seinem Großvater sogar in der Backstube helfen. Der Opa stand jeden Morgen um zwei Uhr auf. Seinen Enkel weckte er dann gegen fünf Uhr. Damit alles seine Ordnung hatte, bekam er auch eine weiße Bäckermütze aufgesetzt. Was für eine Ehre! Er fühlte sich in dem Moment mindestens so wie die Obermeister der Bäckerinnung. Damals durchschaute er nicht so richtig, warum er viele ältere Freunde in Pillau hatte. Heute ist es ihm längst klar geworden, dass sie wohl weniger an ihm persönlich interessiert waren als vielmehr an den Rosinenschnecken und Amerikanern, mit denen er sie regelmäßig kostenlos versorgte.

Pillau war schon seit dem 16. Jahrhundert, aber im Zweiten Weltkrieg erst recht, ein wichtiger militärischer Stützpunkt. Viele Kriegsschiffe und U-Boote wurden von Pillau aus eingesetzt. Wenn Luftangriffe auf Königsberg geflogen wurden, dann wurde die Stadt Pillau künstlich vernebelt. Überall am Straßenrand lagerten deshalb große rostige Tonnen. Wenn sie geöffnet wurden, mussten alle Fenster geschlossen werden. Eine ätzende chemische Flüssigkeit wurde versprüht. Eckhard Schaefer erinnert sich noch an einen Ostersonntag. Die Ostereier waren im großen Garten der Großeltern versteckt. Es war ein herrlicher Frühlingstag und die Sonne stand am blauen Himmel. Doch kurz bevor die Eiersuche gestartet werden konnte, heulten die Sirenen auf. Fliegeralarm! Die künstlichen Nebelschwaden trieben die Kinder ins Haus und ließen die Eier im Nichts verschwinden. Sie wurden im Laufe der nächsten Tage zwar gefunden, aber sie mussten vernichtet werden: Sie waren durch die chemische Behandlung infolge des Nebels ungenießbar geworden.

Abends gab es für die Kinder eine besondere Freizeitbeschäftigung: Sie klebten »Schnibbel« auf. Alle Lebensmittel waren wegen des Krieges rationiert, Brot oder Brötchen gab es nur auf Lebensmittelkarten. Wer etwas kaufen wollte, musste die zugehörigen Coupons abgeben. Diese abgetrennten Zettel mussten vom Bäcker bei den Behörden eingereicht werden, um wiederum Mehl und andere Backzutaten zugeteilt zu bekommen. Nach Feierabend durften die Kinder deshalb helfen, Hunderte kleiner Abschnitte mit selbst angerührtem Mehlkleister auf Zeitungsseiten aufzukleben.

In der guten Stube

Auch in Pillau ging Eckhard Schaefer regelmäßig in die Baptistengemeinde. Er kann sich noch gut an »Onkel Elsasser« erinnern, den »Oberlehrer« in der Sonntagsschule. Mit seiner großen Glocke rief er die 180 Kinder, die er sonntags unterrichtete, zur Ordnung. Alle lernten bei ihm fleißig den »goldenen Wochenspruch« und sagten auswendig gelernte Gedichte auf. Auch Disziplin, Zucht und Ordnung waren damals noch selbstverständlich: Die Mädchen mussten einen Knicks machen und die Jungen einen Diener.

Die Großeltern machten nie Urlaub, auch Betriebsferien gab es nicht. Für Enkel Eckhard war ihre ständige Verfügbarkeit ein Geschenk. Denn als Schüler konnte er so immer während der ganzen Ferien bei ihnen wohnen. Ohnehin war Urlaub für die meisten Menschen damals noch ein Fremdwort. Nur einmal war seine Großmutter mit ihm sechs Tage lang auf die Kuhrische Nehrung nach Nidden gefahren. Und seine Mutter ist einmal in der Zeit, als die Familie in Ostpreußen lebte, für einige Tage in Garmisch-Partenkirchen gewesen. Mit den Erzählungen »von den Bergen« konnte sie später jede Kaffeetafel und Gesellschaft exzellent unterhalten. Sie war so etwas wie ein Exot; jemand, der die Berge nicht nur aus Büchern oder vom Hörensagen kannte; vielleicht vergleichbar mit den ersten Weltraumtouristen heute.

Hedwig und Paul Schadwinkel lebten in einem bürgerlichen Haus. Die gute Wohnstube wurde selten betreten, hin und wieder am Sonntag. Über jedem Sessel hing eine Wolldecke, um das Möbelstück zu schützen. Einmal wurde der Enkel Zeuge eines Gesprächs zwischen seinen Großeltern und seinem Vater. Es ging darum, dass die Großeltern seinem Vater einige Sessel für sein Arbeitszimmer schenken wollten. Er hat dieses Geschenk abgelehnt. Seine Begründung: Fast niemand aus seiner Gemeinde besaß damals ein solches Möbelstück. Wenn ihn nun Gemeindemitglieder besuchen und dabei vielleicht zum ersten Mal in einem Sessel sitzen würden, dann hätte das wohl auch Folgen für das Gespräch. Der Vater befürchtete, dass es dann durch vornehme Zurückhaltung blockiert würde. Als Pastor wollte er nicht bessergestellt sein als seine Gemeinde.

In der Weihnachtszeit wurde die »gute Stube« bereits mehrere Tage vor den Feiertagen geschmückt. Das bevorstehende Fest umgab ein großes Geheimnis. An Heiligabend läutete der Großvater dann die Glocke, die Kinder durften erstmals den mit Lametta geschmückten Weihnachtsbaum anschauen und die Geschenke auspacken. Das war spannend.

Wenn Eckhard Schaefer heute von seinem Großvater spricht, dann erinnert er sich auch an ein abendliches Zeremoniell. Weil der Großvater als Bäcker immer sehr früh aufstehen musste, ging er mit den Enkelkindern zur selben Zeit ins Bett. Sein Gutenachtgruß waren zwei Lieder, die sich bis heute bei Eckhard Schaefer tief eingeprägt haben: »Wenn der Heiland, wenn der Heiland als König erscheint und die Seinen als Erhöhte im Himmel vereint« sowie »Weil ich Jesu Schäflein bin«.

Der Ernst des Lebens

An den Tag seiner Einschulung hat Eckhard Schaefer keine guten Erinnerungen. Die Schultüte mit Leckereien aus der Bäckerei in Pillau versüßte ihm zwar den ersten Schultag, aber das Einschulungsszenario während der Nazizeit ist für ihn fast zu einem Trauma geworden – bis heute.

Die Schule war in unmittelbarer Nähe der Gemeinde in Zinten. Mit seiner Schultüte in der Hand machte er sich dorthin auf den Weg. Dort angekommen, mussten alle strammstehen. Dann wurde eine Fahne gehisst und es folgte der Hitlergruß. Anschließend stimmten alle das damals bekannte Horst-Wessel-Lied an: »Die Fahne hoch, die Reihen fest geschlossen«. Doch nun hatte der junge Schüler ein Problem: Dieses Lied wurde weder in der Sonntagsschule noch in seiner Familie gesungen. Er kannte also den Text nicht. Stattdessen pfiff er die Melodie mit. Das hätte er wohl besser nicht tun sollen. Ein Lehrer brüllte über den gesamten Schulhof: »Wer pfeift hier?« Eckhard Schaefer hatte Angst und meldete sich nicht. Aber ihm war klar, dass offenbar nun wirklich der Ernst des Lebens begonnen hatte.

Sein Schulranzen war leicht. Nur eine Schiefertafel und ein Griffel waren zu transportieren. Diese einfachen Lernmittel hatten durchaus Vorteile. Fehler konnten immer gleich mit einem Schwamm auf der kleinen Tafel gelöscht werden. »Wenn es doch nur immer so einfach wäre, Fehler unwiderruflich zu tilgen«, merkt der Prediger heute an.

Die Uniformen der Hitler-Jugend fand er damals schick. Wenn die Söhne des Kastellans in ihren Uniformen von den Geländespielen der Hitler-Jugend erzählten, dann konnte er gar nicht abwarten, mit dabei zu sein. Allerdings musste er warten. Erst ab zehn Jahre durfte man in die Hitler-Jugend. Doch seine Mutter machte sich schon damals Sorgen, wie sie es wohl würde verhindern können, dass er diese Uniform anzog. Diese Sorgen erwiesen sich als unbegründet, denn es kam alles ganz anders als geplant. Schaefer hat nie eine Uniform der Hitler-Jugend getragen.

2. Flucht aus Zinten und Neuanfang in Kalbe

Vom Krieg bekam die Familie Schaefer in den ersten Jahren weder in Zinten noch in Pillau viel mit. Es war ruhig im Osten des Landes. Eckhard Schaefer war mit seiner Mutter eine Woche vor Beginn des Russlandfeldzugs 1941 in der Garnisonsstadt Landshut an der Warthe zu Besuch, wo sein Vater stationiert war. Dort wurden sie dann aber überraschend aufgefordert, den Besuch abzubrechen und wieder nach Hause zu fahren. Am nächsten Tag begann der Krieg gegen Russland. Am Anfang zogen endlose Militärkolonnen in Richtung Russland. Doch erst ab 1944 mussten die Menschen in Zinten nachts in den Luftschutzkeller, wenn das rund 30 Kilometer entfernte Königsberg bombardiert wurde. Den Sirenenton hatte der spätere Prediger noch Jahre in den Ohren.

Wenn der Krieg zunächst auch weit weg war, die unmittelbaren Folgen bekam auch die Familie in Zinten zu spüren, denn sie bekamen Mitbewohner. Bei ihnen wurde eine Frau Sommer mit ihrem Sohn einquartiert, die aus Bochum im Ruhrgebiet stammte. Wegen der Industrie wurde der Westen Deutschlands stark bombardiert. Die Verantwortlichen gingen davon aus, dass es in Ostpreußen für die Bewohner des Ruhrgebiets sicherer sei als im Westen Deutschlands. Deshalb mussten viele Menschen umsiedeln. Bis zum Herbst 1944 war der Osten tatsächlich sicherer als der Westen. Doch ab Januar 1945 war der Krieg plötzlich auch in Ostpreußen ganz nah. Deshalb standen auf einmal einige Frauen vor dem Kirchengebäude in Zinten. Sie erzählten, dass sie vor den heranrückenden Truppen der Sowjetarmee aus Nachbarstädten zu Fuß geflohen seien. Und sie baten um Obdach. Lydia Schaefer wusste diese Zeichen der Zeit für sich zu deuten. Es bestand höchste Gefahr, das war ihr klar. Die Frauen vor ihrer Haustür waren für sie ein Signal, Zinten sofort zu verlassen. Sie ging zum Bahnhof, um für alle Fahrkarten nach Pillau zu kaufen. Sie wollte, dass in dieser brenzligen Lage die Großfamilie zusammen war. Doch am Bahnhof musste sie zu ihrem Entsetzen erfahren, dass sie bereits zu spät dran war. Wegen des nahen Krieges fuhren keine Züge mehr. Alle mussten bleiben. Von Zinten konnte man fortan nur noch über das zugefrorene Haff mit Pferdegespannen und Handwagen flüchten.

Kein anderer Ausweg

Zur Flucht gab es keine Alternative. Nur wie sollte sie erfolgen? Die Mutter bereitete die Kinder jedenfalls auf das Unvermeidliche vor, indem sie ihnen einen kleinen Beutel um den Hals hängte. Darin waren einige Familienbilder sowie persönliche Angaben enthalten für den Fall des Falles: »Ich heiße Eckhard Schaefer.« Er weiß bis heute nicht, ob außer ihnen auch noch andere Bewohner aus Zinten auf dem Landweg herausgekommen sind. Seine Familie musste jedenfalls nicht den für viele Menschen so aussichtslosen Weg über das Haff nehmen. Hatten sie Glück oder war es Gottes Führung? Denn nach wenigen Tagen gab es mitten in der Nacht einen Riesenkrach vor dem Gemeindehaus. Deutsche Soldaten, die sich vor der heranrückenden Sowjetarmee zurückzogen, hatten mit einem Fahrzeug ausgerechnet vor der Baptistenkirche eine Panne, und das um Mitternacht. Lydia Schaefer wurde wach. Sie ging vor das Haus und sprach die Soldaten an. Sie erfuhr, dass die Kolonne in Richtung Königsberg unterwegs war. Daraufhin fasste sie sich ein Herz und fragte: »Können wir mitfahren?« Zu ihrer Überraschung willigte der zuständige Kommandeur ein. Wenn alle sofort einsteigen würden, könnten sie mitgenommen werden. Daraufhin weckte die Mutter sofort ihre beiden Jungen und Frau Sommer mit ihrem Sohn auf. Die drei Kinder wurden in einen Pkw gesetzt, die beiden Mütter nahmen auf einer Lkw-Pritsche Platz. Es dauerte aber noch mehr als zwei Stunden, bis der Treck sich schließlich in Bewegung setzte. Wie Tausende andere waren sie also nun auch auf der Flucht.

Trotz der Wartezeit traute sich die Mutter nicht, den Platz auf der Lkw-Pritsche zu verlassen, um noch einmal ins Haus zu gehen und wichtige Unterlagen aus der Wohnung zu holen. Sie hatte Angst, die Abfahrt zu verpassen. Außer dem immer gepackten Rucksack hatten sie also nichts dabei. Schon nach wenigen Kilometern gab es erste Komplikationen, da der Fahrer des Pkw, in dem die Kinder saßen, unterwegs per Funk einen Sonderauftrag erhielt. Der Wagen scherte deshalb aus der Kolonne aus und brauste davon. So kam es, dass die Kinder als Erste lange vor den übrigen Fahrzeugen Königsberg erreichten. Am Friedländer Tor wurden sie abgesetzt. Erst zwei Stunden später trafen die beiden Mütter ebenfalls in Königsberg ein. Doch wo waren die Kinder? Panik drohte sich auszubreiten. Mehrere Stunden lang suchten die beiden Frauen die drei Kinder in der Stadt, zunächst vergeblich.

Was war geschehen? Auch die Kinder wussten nicht, was sie am Friedländer Tor tun sollten. Nur warten? Die große Stadt war ihnen nicht geheuer. Sie waren schließlich zum ersten Mal ganz allein dort. Wo sollten sie also hin? Der junge Eckhard hatte einen Plan und übernahm das Kommando. Der Neunjährige wollte mit den beiden anderen Jungen zum Hauptbahnhof gehen. Denn er ging – zu Recht – davon aus, dass sie alle weiter zu den Großeltern nach Pillau fahren wollten. Am Bahnhof kauerten sie sich in einer Ecke zusammen, warteten und warteten und froren dabei, mehrere Stunden lang. Schließlich kamen auch die beiden Mütter zum Hauptbahnhof. Es war ein freudiges Wiedersehen. Allen fiel ein Stein vom Herzen. Diese erste Trennungserfahrung hat bei Schaefer Kerben in der Seele hinterlassen. Bis etwa 1955, erinnert er sich, saß er täglich vor dem Radioapparat, wenn auf NDR 4 der Suchdienst bekannt gab: »Heute verlesen wir Namen von Kindern, die im Januar 1945 auf der Flucht vor den Russen in Ostpreußen verloren gingen. Gesucht wird ...« – »Wie wäre wohl mein Leben verlaufen, wenn wir uns da nicht wiedergefunden hätten?«, fragt er sich manches Mal noch heute.

Die Vermutungen des Jungen erwiesen sich als richtig: Von Königsberg war es noch möglich, mit dem Zug weiter nach Pillau zu fahren, hinein in eine Stadt, die völlig ihr Gesicht verändert hatte. Sie war über und über mit Flüchtlingen bevölkert, denn für viele war Pillau der einzige Fluchtweg. Von dort wollten alle weg. Später hat Eckhard Schaefer erfahren, dass täglich etwa 50 000 Flüchtlinge von Pillau aus in den Westen ausgeschifft wurden.

Keine Sicherheit in Pillau

In Pillau fühlte sich die Familie bei den Großeltern zunächst geborgen, aber nur für kurze Zeit, denn Zivilgefangene sprengten die Munitionsfabrik ganz in der Nähe der großelterlichen Bäckerei in die Luft. Viele anliegende Häuser wurden dadurch ebenfalls zerstört. Auch die Bäckerei wurde beschädigt. Allen wurde auf diese Weise drastisch vor Augen geführt, dass es auch in Pillau keine Sicherheit mehr gab. Es war ein Trugschluss, den Versprechungen der Nationalsozialisten zu glauben, dass die russische Armee nie weiter als bis zur Memel kommen würde.

Der Großvater kümmerte sich in dieser Zeit um die vielen Flüchtlinge. Ein normaler Handel war ohnehin nicht mehr möglich. Die Flüchtlinge, die bei klirrender Kälte auf ihre Einschiffung am Hafen warteten, hatten Hunger und mussten versorgt werden. Deshalb brachte er ihnen Brot. Durch seine guten Kontakte zur Hafenmeisterei versuchte er dabei, für die Familie bequeme Plätze für die Flucht auf einem Fährschiff zu bekommen. Er war davon überzeugt, dass es für die Familie am besten wäre, über Gotenhafen in der Danziger Bucht in Richtung Westen ausgeschifft zu werden. Tatsächlich gelang es ihm, an die begehrten Fahrkarten zu kommen. In Gotenhafen wartete das allen Pillauern gut bekannte Kreuzfahrtschiff Wilhelm Gustloff. Aber im Hafen in Pillau herrschte ein solches Menschengedränge, dass es für die Flüchtlinge kaum ein Durchkommen gab. Als die Schaefers und Schadwinkels zu ihrem Schiff wollten, das sie nach Gotenhafen bringen sollte, mussten die fertig gepackten Koffer stehen bleiben. Bei der Abfertigung herrschten chaotische Zustände. Sie mussten lange in der eisigen Kälte warten, bis sich schließlich auf einem Frachtschiff Platz für sie fand. Als sie am nächsten Morgen in Gotenhafen ankamen, erfuhren sie, dass in derselben Nacht die Wilhelm Gustloff mit 9 300 Menschen an Bord durch einen Torpedoangriff versenkt worden war. Für die Großmutter stand in dem Augenblick fest: »Wir gehen auf kein Schiff mehr.« Doch wie sollte die Familie dann weiterkommen? Und wo sollten sie überhaupt hin? Sie bezogen Quartier in einem Kinosaal, der zu einem Massenlager umfunktioniert worden war. Außer den vielen Menschen, die dort auf

Stroh lagerten, gab es ungezählte, unerwünschte Mitschläfer: Läuse. Auch die beiden Schaefer-Jungen machten zum ersten Mal mit ihnen Bekanntschaft. Weil es juckte, fingen sie wie alle anderen Kinder an, sich am Kopf zu kratzen. Die Mutter war entsetzt. Hier wollte sie auf keinen Fall länger als unbedingt nötig bleiben. Doch was konnte sie tun? Ihr kam eine Idee. Sie erinnerte sich daran, dass eine Freundin von ihr in Zoppot ganz in der Nähe von Gotenhafen eine Cousine hatte. Sie wusste allerdings kaum etwas über diese Frau, sie kannte nicht einmal ihren Namen. Frau Schaefer wusste nur, dass diese Frau als medizinisch-technische Assistentin in einem Krankenhaus arbeitete. Trotzdem machte sie sich auf den Weg nach Zoppot. Sie fragte sich zum Krankenhaus durch und erkundigte sich, ob man dort eine Frau kenne, auf die diese spärlichen Angaben passten. Man hätte es kaum für möglich gehalten, aber sie wurde tatsächlich fündig. »Wenn Sie eine Freundin meiner Cousine sind, dann können Sie natürlich in meine Wohnung kommen«, meinte diese unbekannte Frau überraschend. Und so verbrachte die große Familie noch einige ruhige Tage in einer schönen Wohnung anstatt in einem unfreundlichen Massenquartier. Frau Sommer blieb jedoch mit ihrem Sohn in dem Massenquartier. Warum, lässt sich nicht mehr feststellen. Dort verlieren sich alle Spuren von ihr. Eckhard Schaefer vermutet, dass sie mit ihrem Sohn bei der Flucht ums Leben gekommen ist.

Die Wohnung der medizinisch-technischen Assistentin lag an der Hauptstraße in Zoppot. Die Kinder durften zwar nicht auf die Straße, aber sie konnten vom Fenster aus beobachten, was auf der Straße los war. Endlose Trecks, die das Haff überquert hatten, zogen vorbei. Diese Bilder haben sich tief bei dem Prediger eingeprägt. Sie wurden allerdings von diesen schrecklichen Szenen überlagert: Einzelne Soldaten hatten wohl aus der Armee fliehen wollen. Jedenfalls konnte er mitansehen, wie sie abgeführt und erschossen wurden. Und als er eines Morgens aus dem Fenster schaute, sah er zwei Männer, die sich am Straßenbaum erhängt hatten oder die als Deserteure aufgehängt worden waren. Warum? Das weiß er nicht. Vergessen hat er diese Bilder nicht.

In dieser Wohnung natürlich konnte die Familie nicht lange bleiben. Schließlich mussten sie weiter. Nur wie und wohin? Da sie mit einem Schiff nicht mehr fahren wollten, kamen weder Dänemark noch Swinemünde als Fluchtziele für sie in Betracht. Erneut kam die Gastgeberin der Mutter zu Hilfe. Sie hatte in der Klinik gehört, dass ein Verwundetentransport zusammengestellt wurde. Und sie schaffte es über ihre Beziehungen tatsächlich, dass die Schaefers in diesem Zug mitfahren konnten, wenn auch nicht in den Abteilen, die ausschließlich für Verwundete reserviert waren, sondern auf der offenen Plattform eines Waggons. Für den Zug galt eine Sonderregelung. Er konnte schneller fahren als die meisten anderen Züge. Güterzüge mit Tausenden von Flüchtlingen mussten in den Bahnhöfen unterwegs anhalten, um den Krankentransport – und mit ihnen die Familie Schaefer – vorbeifahren zu lassen. Weil dieser Zug ein Rotes-Kreuz-Zeichen trug, wurde er auch nicht beschossen.

Neustart in Niedersachsen

So kamen sie schließlich nach Berlin, wo sie nur einige Tage blieben. Weiter ging es mit einem organisierten Transport nach Niedersachsen. In dem kleinen Ort Kalbe bei Sittensen fand die Familie eine neue Bleibe. Dort erlebten sie auch das Kriegsende. Der Großvater kam einige Monate später ebenfalls nach Kalbe. Er musste zunächst noch in Pillau bleiben und bei der Versorgung der vielen Flüchtlinge helfen. Im Frühling, kurz vor der Eroberung der Stadt, konnte er auf einem U-Boot fliehen.

Eckhard Schaefer hatte längst vergessen, wie es ist, wenn aus Fenstern in der Dunkelheit wieder Licht leuchtet und man abends auf der Straße spielen konnte. Während des Krieges mussten alle Fenster wegen der Fliegerangriffe verdunkelt sein, und später war häufig der Strom gesperrt. Beim Spielen fanden die Kinder oft noch Waffen, Blindgänger und Handgranaten. Sie wurden gewarnt, sie ja nicht anzufassen. Einem Jungen aus Kalbe, der leichtfertig mit einer Handgranate hantierte, wurde die Hand abgerissen. »Diese notvolle Erfahrung bewahrte uns vor Leichtsinn«, erinnert sich der Prediger heute.

Das Leben in Kalbe war entbehrungsreich. Mit dem einst stolzen Bäckermeister musste Eckhard Schaefer nun betteln gehen, damit die Familie überhaupt etwas zu essen bekam. Ihnen ging es schlecht – wie allen anderen Flüchtlingen auch –, und es herrschte großer Mangel. Dabei hatte es die Familie noch verhältnismäßig gut. Sie wohnte beim größten Bauern des Dorfes. Ein geräumiges Zimmer wurde ihnen zugewiesen, das von einer Wand provisorisch unterteilt war – kein Vergleich mit den großen Wohnungen in Ostpreußen! Über diese Zeit schreibt Lydia Schaefer in einem Brief an ihren Sohn viele Jahre später: »Einmal im ersten Winter in Kalbe warst Du schwer krank. Über 40 Grad Fieber. Wir hatten nur ein gemeinsames Bett und auch nur eine gemeinsame Zudecke. Ich legte Dietmar mit dem Kopf ans Fußende und mich selbst zwischen Euch. Er hat sich nicht angesteckt. Das war ein Geschenk Gottes. Ich horchte auf Deine Atemzüge, bis ich vor Müdigkeit auch einschlief. Am nächsten Tag kam der Arzt aus Sittensen. Aber es gab keine Antibiotika oder Sulfonamide. Er gab Dir eine Spritze und guckte mich sehr mitleidig an – in der Enge dort. Du wurdest gesund. Aber vielleicht verstehst Du meine Sorge, wenn Du später schwitzend vom Fußballspiel nach Hause kamst. Wir hatten ja kein Badezimmer und keine Dusche und auch fast keine Wäsche zum Wechseln.«

Auch mit der Hygiene war es nicht zum Besten bestellt. Samstag war Badetag, und beim Bauern wurde der Wasserkessel erhitzt. Eine große Zinkwanne wurde herbeigeholt. Zunächst gab es das sonnabendliche Bad für die Kinder des Bauern. Als sie fertig waren, blieb das Wasser teilweise in der Wanne. Es wurde nur ein Krug mit warmem Wasser hinzugeschüttet. Dann durften die Flüchtlingskinder in die Wanne steigen.

Der Tod des Großvaters

Nach einem Jahr starb der Großvater in dieser kleinen Wohnung. Mehrere Wochen lang erlebte die gesamte Familie die Erkrankung hautnah mit. Einmal schaute der lutherische Pfarrer aus Sittensen vorbei. Zum Abschluss des Besuchs fragte er ihn, ob er noch einmal wiederkommen soll, um das Abendmahl auszuteilen. Die Antwort des Großvaters: »Lieber Herr Pastor, das Abendmahl werde ich in wenigen Tagen droben feiern.« Diesen Satz erzählte der Pastor seinem Kirchenvorstand und sagte, dass er solche Worte in seinem ganzen Leben noch von niemandem gehört habe. Er beantragte deshalb beim Kirchenvorstand, dass auch für einen Baptisten bei der Beerdigung die Glocken läuten durften. Am Tag vor seinem Sterben erzählte der Großvater, dass er in der Nacht im Himmel gewesen sei. Und er sagte der Familie einige bedeutungsschwere Worte: »Wartet nicht mehr auf den Karl«, also auf Eckhard Schaefers Vater. Dann nannte er noch weitere Namen von Mitgliedern der Gemeinde Pillau, die er im Himmel angetroffen hatte und von denen er sich deshalb nun sicher war, dass sie im Krieg ums Leben gekommen waren. Monate, zum Teil auch Jahre später hat sich herausgestellt, dass alle Genannten zu diesem Zeitpunkt nicht mehr lebten.

Fluchterfahrungen – hilfreich im Pastorendienst

Seine Fluchterfahrungen halfen Schaefer auf ungewöhnliche Weise bei seinem Dienst als Gemeindepastor. 1979, als er Pastor in Bremen war, erhielt er einen Anruf von der Leiterin des Frauendienstes. Sie informierte ihn darüber, dass eine Frau, zu der sie Kontakt hatte, unter schweren Depressionen litt. In jedem Frühjahr und Herbst hatte sie besonders heftig mit dieser Erkrankung zu kämpfen. Alle Versuche, die Depression zu behandeln, waren fehlgeschlagen. Er besuchte diese Frau. Sie erzählte ihm zusammenhanglose Geschichten – von Pferden, die im Eis versanken, und von ertrinkenden Menschen –, und zwar so, als wenn sie gerade in diesem Moment das alles miterlebte. Und da erinnerte er sich, dass er ganz ähnliche Erfahrungen gemacht hatte. Im Winter 1944/45 versuchten nämlich Tausende Menschen in Ostpreußen über das zugefrorene Haff zu fliehen. Sie wurden von russischen Tieffliegern angegriffen. Auf dem Eis gab es für sie nur wenig Schutz. Viele wurden erschossen oder verletzt. Die Tiefflieger bombardierten gezielt auch das Eis, sodass die Flüchtlinge im eiskalten Wasser versanken – und natürlich ertranken. Der Pastor fragte diese Frau, ob auch sie über das Haff geflohen sei. Sie nickte. Die schrecklichen Erfahrungen lagen 35 Jahre zurück. Doch seitdem hatte sie ihre Flucht jedes Jahr im Frühjahr neu durchlebt. Noch schlimmer war, dass sie bis zu diesem Zeitpunkt keine Heilung ihrer Erinnerungen an diese Zeit erfahren hatte. Bevor Eckhard Schaefer mit dieser Frau betete, hatte sie in ihrem Heilungsprozess einen großen Schritt vorwärts tun können. Mithilfe des Pastors aus Ostpreußen konnte sie zum ersten Mal erkennen, was die eigentliche Ursache für ihre immer wiederkehrende Not war. Nach einem schlichten Gebet war dieser Frau eine riesengroße Last vom Herzen genommen. Fortan hatte sie keine Depressionen mehr, und die Erfahrungen von früher belasteten sie nicht länger.

3. Dorfleben in Kalbe

Eckhard Schaefer würde seiner Mutter Lydia gerne ein Denkmal setzen. Er ist stolz auf sie. Sie war 19, als sie geheiratet hat. Sie war eine für ihre Zeit klassische Pastorenfrau: Sie sah ihre Zukunft an der Seite ihres Mannes. Deshalb verzichtete sie nach der Schule darauf, eine Ausbildung zu machen. Es war bewusst ihr Ziel, Gott als Pastorenehefrau zu dienen. Sie hatte ihren späteren Mann als frischgebackenen Pastor kennengelernt. Gleich nach seiner Ausbildung zum Prediger des Evangeliums am Theologischen Seminar der Baptisten in Hamburg kam er nach Pillau. Er war unverheiratet. Eine Bleibe fand er bei der Bäckerfamilie Schadwinkel. Die »Brüder«, die ihn berufen hatten, waren sicher, dass er in dem Haushalt gut aufgehoben war. Er war damals 26 Jahre alt. Die Tochter des Hauses, Lydia Schadwinkel, war zehn Jahre jünger. Alle Gemeindeverantwortlichen waren davon überzeugt, dass ein Aufenthalt in der Familie möglich sein müsste, ohne dass es zu irgendwelchen »zwischenmenschlichen Komplikationen« kommen würde. Diese Männer hatten sich offenbar geirrt. Tochter Lydia verliebte sich in den Prediger – und er in sie. Und so haben sie schließlich geheiratet.

Heute würde man Eckhard Schaefers Mutter als »Powerfrau« bezeichnen. Als 29-jährige junge Mutter musste sie mit unbekanntem Ziel flüchten. Den jüngeren Sohn Dietmar trug sie meist auf dem Arm, denn er konnte wegen einer Verletzung am Bein nicht gut laufen. In der neuen Heimat in Kalbe begann ihr Tag in aller Frühe. Schon morgens um vier Uhr ging sie in den Kuhstall, um dem Bauern beim Melken zu helfen. Hin und wieder haben die Kinder sie dabei unterstützt. Anschließend half sie im Wald und pflanzte Bäume. Es war ein entbehrungsreiches Leben, so kurz nach dem Krieg. Allerdings ging es der Familie besser als vielen anderen Flüchtlingen. Andere hatten großen Hunger. Sie hatten dagegen durch die Arbeit auf dem Bauernhof wenigstens etwas zu essen, jedenfalls gab es ausreichend Milch und Brot. Auf dem Hof gab es ein Backhaus, das alle zwei Wochen angeheizt wurde. Dort wurde das Brot für die Bauern, aber auch für die Flüchtlingsfamilie gebacken. Mehl hatten sie, weil sie nach der Roggenernte »gestoppelt« hatten. Dafür gab es ein biblisches Vorbild. Auch Ruth, von der das Alte Testament in einem nach ihr benannten Buch berichtet, hatte Ähren auf Boas' Feld aufgelesen.

Außerdem konnte die Familie Schaefer Kartoffeln sammeln, auch Kürbisse standen unbegrenzt auf einem großen Komposthaufen zur Verfügung. Vielleicht war die Ernährung ein wenig einseitig: Es gab kein Gericht, das nicht mit Kürbis verlängert wurde.

Eckhard Schaefer war bemüht, die doch recht einseitige Ernährungslage der Familie im Rahmen seiner bescheidenen Möglichkeiten etwas aufzubessern. Vor dem Bauernhaus standen zwei große Bäume, ein Apfelbaum und ein Birnbaum. Oft ist er nachts aufgestanden, um nachzuschauen, ob Früchte vom Baum gefallen waren. Das Pflücken und damit Stehlen der Früchte kam für Baptisten wie ihn nicht infrage, doch wenn ein Apfel oder eine Birne herabgefallen waren, dann bereicherten diese Früchte durchaus den Speiseplan.

In jener Zeit hatte er ein ungewöhnliches Gebetsanliegen. Er betete nämlich für ein Huhn. Und das kam so: Auf dem Gelände des Bauernhofes waren viele Holzkegel aus dünnem Strauchholz aufgeschichtet; das ideale Versteck für die Jungen beim Spielen. Doch auch ein Huhn hatte sich darin ein Nest gebaut. Offenbar war der Holzkegel für das Huhn eine bevorzugte Alternative zum traditionellen hoch eingezäunten Hühnerhof. Jedenfalls fand er beim Spielen dort fünf Eier im Nest. Dieses Huhn flog regelmäßig über den Zaun des Hühnerhofes – offenbar nur, um in seinem Nest ein Ei zu legen. Eckhard Schaefer berichtet heute schmunzelnd, dass er als Kind damals etwa Folgendes gebetet hat: Das Huhn möge möglichst lange seine Eier in diesem Versteck ablegen und nach dem Legen nicht allzu laut gackern, damit das Versteck nicht entdeckt würde. Er war sich sicher, dass die gefundenen Eier auf jeden Fall seiner Familie gehörten. Der Bauer hatte insgesamt 150 Hühner. Dass ein Huhn die Familie versorgte, dürfte dem Landwirt nicht weiter aufgefallen sein. Für den späteren Pastor war das eine ähnliche Erfahrung, wie sie Elias aus der Bibel gemacht hatte, der von den Raben versorgt wurde.

»Unsere Heidenkinder«

In dem kleinen Ort Kalbe, der aus 36 Bauernhäusern bestand, waren Eckhard und Dietmar Schaefer in gewisser Weise eine Sensation. Es sprach sich schnell herum, dass die beiden als Kinder baptistischer Eltern nicht getauft worden waren. Also waren sie für den Volksmund »echte Heidenkinder«. Wenn über die beiden Jungen im Dorf gesprochen wurde, hieß es: »unsere Heidenkinder«.

Im Ort gab es eine kleine Dorfschule. Lehrer Gehrken war ein Mann, der Eckhard Schaefer bis heute beeindruckt. Es gab keine Schulbücher, deshalb lernten sie die deutsche Grammatik nach Chorälen aus dem niedersächsischen Gesangbuch. »Warum sollt ich mich denn grämen ...« – das Lied kann man nicht nur von seiner Glaubensaussage her beurteilen, sondern auch im Blick auf den Satzbau: Subjekt, Prädikat, Objekt. Der Prediger verdankt es Lehrer Gehrken, dass er bis heute viele Choräle auswendig kann. Der Lehrer schrieb auch Theaterstücke, die dann regelmäßig aufgeführt wurden, besonders zu Weihnachten. Offenbar hielt er trotz des Status als Heidenkinder große Stücke auf die beiden Jungen, denn Eckhard Schaefer musste immer die längeren Passagen auswendig lernen, was ihm auch recht leichtfiel. Nach den Aufführungen tuschelten die Leute: »Was unsere Heidenkinder doch so gut behalten können ...«

Natürlich sprach Eckhard Schaefer schnell Plattdeutsch, die Umgangssprache im Ort. Auch von den so erworbenen Sprachkenntnissen konnte der spätere Pastor profitieren. 1984 war er Lehrer für Missiologie am Theologischen Seminar des BEFG. Eine seiner Töchter machte damals einen Einsatz in Brasilien, bei der Missions- und Entwicklungsorganisation Terra Nova. Die Mitarbeiter in Brasilien waren unter deutschen Auswanderern tätig. Bei einem Besuch seiner Tochter in Lateinamerika besuchte er auch verschiedene Missionsgebiete, auch im Norden des Landes. Dort traf er viele Pommern, die in Brasilien bereits vor Jahrzehnten eine neue Heimat gefunden hatten. Die Alltagssprache dieser Pommern war immer noch das pommersche Plattdeutsch. Die Gottesdienste, die er damals besuchte, waren ein echter Übersetzungsmarathon. Da gab zum Beispiel eine Frau ihr Glaubenszeugnis, die durch die Sendungen von Trans World Radio zum Glauben gekommen war. Natürlich sprach sie Plattdeutsch. Anschließend wurde es auf Hochdeutsch übersetzt und dann noch auf Portugiesisch. Als Eckhard Schaefer dort predigen sollte, konnte ein Übersetzungsdurchgang gespart werden, denn er predigte in niedersächsischem Plattdeutsch, das dem pommerschen Plattdeutsch ähnlich ist. Hier bestätigte sich erneut, dass alles, auch das Schwere – wenn man es mit Gott verarbeitet – später noch mal von Nutzen sein kann. Dazu gehörte auch, Plattdeutsch zu lernen. Spätestens seit dieser Erfahrung weiß er: Wenn man die Herzen der Menschen erreichen will, muss man auch die Sprache der Herzen sprechen. Und das ist auf Plattdeutsch leichter als auf Hochdeutsch.

In Brasilien hat er eine weitere ähnliche Erfahrung gemacht. Ihm kam dabei zugute, dass er als Teenager in Kalbe seiner Mutter beim Melken geholfen hatte. Auf der Musterfarm Terra Nova wurden junge Männer zu Landwirten ausgebildet. Kühe zu melken war allerdings aufgrund ihrer Erziehung für sie unter ihrer Würde. Eine solche niedrige Arbeit hielten sie für reine Frauensache. Nicht so der Gast aus Deutschland, immerhin ein Theologiedozent. Er bat darum, einmal eine Kuh melken zu dürfen. Das sprach sich unter den jungen Männern wie ein Lauffeuer herum. Seine Tochter erzählte ihm, dass bereits Wetten darüber abgeschlossen wurden, wie gut er seine Sache machen würde. Das war nämlich leicht nachzuprüfen, denn wenn man nicht ordentlich melkt, muss nachgemolken werden. Und diese Milchmenge ist feststellbar. Das war für ihn Anlass für ein kindliches Gebet, Gott möge doch zum Melken Gelingen schenken. Nach 40 Jahren saß der Pastor erstmals wieder unter einer Kuh und melkte, so gut er konnte. Das tat er erfolgreich, denn er ließ den Leuten keine Chance zum Nachmelken. Das Selbstbild der jungen Männer wurde dadurch leicht erschüttert: Es war also doch nicht unter der Würde eines Mannes, eine solche Arbeit zu tun, wenn schon der Gast aus Deutschland hier mit einem guten Beispiel voranging.

Hier zeigt sich wieder der rote Faden im Leben von Eckhard Schaefer: Alles, was in schweren Zeiten Not bereitete oder mühsam erlernt worden war, konnte später »zum Besten dienen«.

Praktischer Unterricht

Zurück nach Kalbe: Trotz Äpfeln, Birnen und Eiern waren die Kinder der Familie Schaefer stark unterernährt. Der Mutter fiel es damals oft schwer, etwas Richtiges zu kochen, einfach weil die Zutaten fehlten. Wohin man auch blickte: Überall gab es Mangel. Zudem litten die Kinder an Tuberkulose. Doch Lehrer Gehrken wurde schnell klar, dass das Dorf seine Heidenkinder nicht verhungern lassen durfte. Und so entwickelte er einen Überlebensplan. Während der Woche aßen die Kinder immer in unterschiedlichen Häusern zu Mittag. »Die kriegen das Gleiche, was ihr esst«, befahl der Lehrer den Bauern, getragen von seiner unbestrittenen Autorität. Und so nahm Eckhard Schaefer seinen Bruder an die Hand und die beiden zogen von Bauernhof zu Bauernhof. Dabei machten sie ganz unterschiedliche Erfahrungen. In manchen Familien wurden sie sehr herzlich empfangen, in anderen eher zurückhaltend.

In der Dorfschule in Kalbe gab es nur zwei Klassen. Die Jahrgänge eins bis vier wurden gemeinsam unterrichtet, und dann gab es die Klasse mit den Jahrgängen fünf bis acht. Manchmal wurden auch beide Klassen zusammen unterrichtet. Eckhard Schaefer konnte deshalb oft den Stoff der älteren Schüler mitlernen. Der gemeinsame Unterricht hatte zudem viele Vorteile für die Kinder. Statt nur Theorien zu büffeln, lernten sie auch viel Praktisches. Der Lehrer hatte einen großen Schulgarten. Wenn der Kohl voller Raupen war, dann gab es spontan Naturkundeunterricht. Dann sammelten die Schüler aller Jahrgänge die Raupen von den Blättern. Dasselbe passierte, wenn eine Kartoffelkäfer-Invasion bekämpft werden musste. Es gab keine Chemie gegen die Käfer, sondern die Kinder mussten ran. Wenn die Bienen ausgeschwärmt waren, dann musste der Lehrer schnell sein Bienenvolk wieder einsammeln. Und für die Kinder stand dann statt Lesen, Schreiben oder Rechnen Naturkundeunterricht auf dem Stundenplan – Schwerpunkt Bienen.

Bis zur vierten Klasse besuchte Eckhard Schaefer diese Dorfschule. Anschließend ging er zur Realschule in Sittensen. Der Ort war fünf Kilometer von Kalbe entfernt. Die musste er täglich hin- und zurücklaufen. Weil die Bauernkinder bei der Ernte helfen mussten, begann der Unterricht im Sommer schon um sieben Uhr morgens.

Eckhard Schaefers sehnlichster Wunsch in der Zeit war ein Fahrrad, denn der Weg in die Schule war mühsam. Er hatte zwar ein Paar Schuhe, aber die Sohlen waren abgelaufen. Statt Ledersohlen hatte er Holzsohlen, die nicht unbedingt angenehm beim Laufen waren. Mit einem Fahrrad würde ihm der Weg in die Schule leichter fallen, davon war er überzeugt. Tatsächlich fand er auf einem Bauernhof ein kaputtes Rad. Und es gelang ihm, aus den defekten Teilen ein brauchbares Untergestell zu basteln. Das einzige Manko: Dem Rad fehlte die Bereifung. Und für Fahrradmantel und Schlauch hatte er kein Geld. Doch er hatte eine Idee. Er schnitt einfach ein Stück vom Wasserschlauch des Bauern ab. Er empfand den Schlauch ohnehin als zu lang. Den Schlauch wickelte er mit Draht direkt an der Felge fest. Das Endergebnis war etwas Ähnliches wie eine Vollgummibereifung. Auf den Feldwegen fuhr das Rad recht gut. Nur auf dem Kopfsteinpflaster spürte der findige Schüler alle Knochen im Leibe. Da war es dann schon besser, das Rad zu schieben. Dieses alte Rad war die Erfüllung eines Traumes: »Ich habe es damals mehr gepflegt als heute mein Auto.«

Weniger schön sind seine Erinnerungen an die Schulspeisung in dieser Zeit. Der Zweite Weltkrieg war gerade erst vorbei und die Kinder wurden in der Schule über ein amerikanisches Hilfsprogramm versorgt. Da gab es dann merkwürdige Speisepläne. Mohrrüben und Kohlrabi waren akzeptabel, aber der pampige Reisbrei mit Rosinen schmeckte ihm gar nicht. Offenbar hat dieses Essen bei ihm zu einer tiefen Abneigung geführt, denn bis vor Kurzem hat er Rosinen in jeder Form verschmäht, auch wenn sie Bestandteil eines Kuchens waren.

Alle Kinder waren damals latent unterernährt. Bei Eckhard Schaefer hatte das weitreichende Folgen, denn die Mutter hatte ihm verboten, viel zu laufen und sich zu überanstrengen. Dabei spielte er damals leidenschaftlich gern Fußball. Doch das musste dann heimlich geschehen. Immer wieder widersetzte er sich dem mütterlichen Verbot. Nach jedem Fußballspiel, bei dem er stark geschwitzt hatte, sprang er in den Fluss Oste, um sich zu waschen. Anschließend machte er noch einen kurzen Abstecher in den Kuhstall und verteilte einige Forken Stroh. Zu Hause fragte ihn dann die Mutter: »Wo kommst du her?« Und er konnte ihr direkt in die Augen sehen und treuherzig bekennen: »Aus dem Kuhstall.« »Und ich dachte schon, dass du wieder dem Ball nachgelaufen bist!« Seitdem ist ihm klar, dass man auch mit der Wahrheit lügen kann.

Wenn Gebete nicht erhört werden

In der Familie gab es einen Familienpsalm. Das war der 23. Psalm. Die Mutter brachte den Kindern bei, dass sie dem Wort Gottes vertrauen können: »Der Herr ist mein Hirte, mir wird nichts mangeln.« Immer wieder erzählte sie ihnen, dass der Vater im Krieg ähnliche Erfahrungen gemacht habe wie der Psalmist. »Wenn auch tausend fallen zu deiner Seite und zehntausend zu deiner Rechten, so wird es doch dich nicht treffen.« Diese Wahrheit aus Psalm 91,7 hat sein Vater einmal sogar sehr konkret erlebt. Er war bei den Pionieren. Er und seine Kameraden wurden von russischen Tieffliegern angegriffen. 30 Schüsse wurden abgegeben. Sie schlugen um ihn herum ein. Er bekam keine Schramme ab.

Deshalb war die Familie auch noch lange nach Kriegsende davon überzeugt, dass der Vater heil zurückkommen würde. Er galt als verschollen. Und so haben die Kinder jeden Abend dafür gebetet, dass ihr Vater sich bald melden möge. Erst 1947 haben sie die Todesnachricht erhalten. Das war ein Schock, denn das Gebet für die glückliche Heimkehr des Vaters war so etwas wie ein festes Ritual geworden. Nach der Todesnachricht stockte beim abendlichen Gebet allen der Atem. Alle weinten. Dieses Gebet war also nicht erhört worden. Die Familie musste eine bittere Wahrheit lernen, nämlich dass Gott mitunter auch dunkle Wege führt, zu denen es dennoch Ja zu sagen gilt.

Drei Jahre später – 1950 –, nachdem der damalige Bundeskanzler Konrad Adenauer Moskau besucht hatte und infolgedessen viele deutsche Kriegsgefangene wieder nach Hause zurückkehren konnten, machte Eckhard Schaefer erneut einige schmerzliche Erfahrungen. Diesmal erlebte er sie sogar im Umfeld der Gemeinden. Es tat ihm immer weh, wenn Heimkehrer und ihre Angehörigen im Gottesdienst bezeugten, dass sie ihre Heimkehr ihren Gebeten verdankten. Er war zu dieser Zeit ein Teenager und kam ins Grübeln. Er konnte sich zwar für die mit freuen, die die russischen Lager überlebt hatten. Aber zugleich gaben ihm diese Zeugnisse einen Stich in sein Herz und lösten ein Fragen aus: Wir haben doch auch gebetet! Und seitdem hat er immer wieder lernen müssen, dass Gott in Jesus Christus unser persönlicher Vater ist, aber für uns persönlich nicht verfügbar ist. Das hat er sich nicht aus Büchern angeeignet, sondern durch das eigene Erleben. Er weiß: »Gott hat auch eine dunkle Seite, die wir nicht begreifen. Und manche Fragen bleiben unbeantwortet. Wenn wir von Gebetserfahrungen berichten, sollten sie andere ermutigen und ihnen nicht das Gefühl vermitteln, dass sie wohl Stiefkinder Gottes sind, weil sie solche Erfahrungen nicht gemacht haben.«

Abwechslung im Dorfleben

Die beiden Heidenkinder brachten Farbe und Abwechslung in das Dorf Kalbe. Heute würde man sagen: Sie waren für das »Kulturprogramm« im Ort verantwortlich. Sie spielten Kasperle-Theater, aber nicht nur für sich allein. Dietmar Schaefer schrieb Eintrittskarten, die die beiden Jungen für fünf Pfennig pro Stück verkauften. Eckhard Schaefer ließ sich immer neue Kasperle-Abenteuer einfallen. Manchmal gab es auch Zirkusvorführungen mit kleinen Kunststükkchen, die die beiden Jungen einstudiert hatten. Und mitunter haben sie mit den Kindern des Ortes einfach gespielt – dann allerdings gratis und ohne Eintrittskarten.

Eine weitere Erwerbsquelle für die beiden Jungen war die Natur. Sie ernteten Sauerampfer, Huflattich und Scharfgarbe, sammelten Brennnesseln und Vogelbeeren und verkauften sie an die Apotheke. Weil viele Medikamente von den Apothekern damals noch selber hergestellt wurden, waren sie dankbar für diese Zutaten.

Damals stand für Eckhard Schaefer eines fest: Wenn er erwachsen wäre, würde er Bauer werden. Das schien ihm ein attraktiver Beruf zu sein. Außerdem liebte er Pferde. Er half auch auf dem Hof, wo die Familie zu Hause war, oft beim Eggen, Pflügen und anderen Arbeiten auf dem Feld. Das war für ihn eine heile Welt, eine Idylle. Denn irgendwann im Laufe des Tages kam die Bäuerin auf den Acker und brachte in ihrer Milchkanne eine kräftige Suppe mit, und natürlich hatte sie auch Schinkenbrot dabei. Mitunter wurde auch ein Kartoffelfeuer angezündet. Darin wurden dann Kartoffeln gebacken, das war für ihn nahrhaft und schön zugleich. So wollte er weiterleben – als Bauer.

Bürger in »Uniform«

Kalbe lag nicht weit von der Autobahn A 1 Hamburg-Bremen entfernt. Nach dem Krieg waren Militärfahrzeuge oft kilometerlang auf der Autobahn geparkt. Die Leute in Kalbe entdeckten schnell, dass man sich dort kostenlos mit vielen Dingen des täglichen Bedarfs versorgen konnte. Sie plünderten die Militärfahrzeuge regelrecht. Ganze Werkzeugkisten und Ausstattungen aus den Lazarettfahrzeugen verschwanden so in den Ställen der Bauern. Was sie nicht selber brauchen konnten, wurde auf dem schwarzen Markt angeboten. Baptisten-Kinder machten da aber nicht mit. Schließlich war es ihre tiefe Überzeugung: Wir klauen nicht. Es gab jedoch eine Ausnahme. Die Planen auf den Militärfahrzeugen waren aus Baumwolle. Die wurden von irgendjemandem im Dorf »besorgt«. Dort wurden sie von allen Frauen gemeinsam aufgeribbelt. Die Baumwolle wurde anschließend in allen Haushalten verteilt. Daraus wurden Hemden und Pullover gestrickt oder gehäkelt. Da das fast alle Einwohner taten, hatten Kinder und Erwachsene fast alle dasselbe Outfit. Auch die Schaefer-Jungen.

Enttäuschung zu Weihnachten

Auf dem Bauernhof musste Eckhard Schaefer schmerzlich die Wahrheit erlernen, dass Erwachsene nicht immer ihre Versprechen halten. Er half dem Bauern gerne bei anfallenden Arbeiten. Im Gegenzug hatte der Mann ihm versprochen, dass er deshalb zu Weihnachten einen Schlitten bekommen sollte. Typisch Kind hatte er das überall groß herumposaunt: »Dieses Jahr zu Weihnachten kriege ich einen

Schlitten.« Seine Mutter versuchte zaghaft, seine Erwartungen etwas zu dämpfen. Sie wusste, was von solchen Versprechungen zu halten war. Und dann kam Heiligabend. Aber es kam kein Schlitten. Eckhard war bis 24 Uhr wach – in der tiefen Hoffnung, dass er seinen Schlitten bekommen würde. Er war sich sicher: Der Bauer wollte ihm eine besondere Freude machen, indem er diese große Überraschung bis ganz zum Schluss aufhob. Er wartete und wartete – vergeblich. Hier hatte jemand sein Versprechen schlicht vergessen. Diese Erfahrung erzählt der Pastor häufiger und betont dabei: »Ich habe mir fest vorgenommen, wenn ich etwas verspreche, das auch zu halten.«

4. Das Internatsleben und eine Entscheidung mit Folgen

Nach zwei Jahren auf der Realschule in Sittensen wechselte Eckhard Schaefer 1950 auf ein neu gegründetes Internat in Bederkesa bei Bremerhaven. Er musste sich um einen Platz bewerben, wie 100 andere Schülerinnen und Schüler auch, denn im Internat war nur für 20 Schüler Platz. Er und alle anderen Bewerber wurden für zwei Wochen zum Probeunterricht bestellt. Nur die Besten sollten genommen werden. Schaefer schaffte die Aufnahmeprüfung. Das Internat war für ihn beinahe so etwas wie ein Aufbruch in eine andere Welt.

Doch zunächst musste er noch andere Hürden nehmen, denn er hatte kaum etwas anzuziehen: Der Schüler besaß nur eine kurze Hose und Damenkniestrümpfe aus US-Spenden, die seine Mutter schwarz gefärbt hatte. Damit wollte er sich auf dem Internat nicht sehen lassen. Zudem war er 1950 aus dem Gemeindeunterricht entlassen worden. Alle anderen Jungen hatten da bereits lange Hosen getragen, nur er rannte noch mit seinen kurzen herum. Heute würde man sagen: »wie uncool!«. Seine Mutter sah das ein und entschied: »Jetzt kaufe ich dir eine Knickerbockerhose.« Doch bei ihnen im Ort und in der direkten Umgebung gab es keine Einkaufsmöglichkeiten. Sie mussten also nach Hamburg fahren. Dei beiden trampten dorthin. Schließlich wollten sie das wenige gesparte Geld nicht schon für die Bahnfahrt ausgeben. Ein amerikanischer Straßenkreuzer hielt und nahm die beiden tatsächlich nach Hamburg mit. Der Einkauf einer Hose und einer Jacke war schnell erledigt. Dann wollten sie in der Stadt noch eine befreundete Familie aus der Gemeinde besuchen.

Offiziell gehörten die Schaefers zur Baptistengemeinde Hamburg-Harburg, auch wenn sie wegen der weiten Entfernungen – rund 50 Kilometer – nur selten am Gottesdienst teilnehmen konnten. Das Gemeindeleben bestand für sie damals aus einem Besuch einmal im Monat durch Pastor Ernst Thaut. Solch ein Besuch auf dem Land war damals durchaus üblich. Es verkehrten sogar sogenannte »Hamsterzüge«, bei denen die Städter auf das Land fuhren, um sich dort mit dem Lebensnotwendigsten einzudecken. Ernst Thaut brachte den Kindern die biblischen Wahrheiten bei, aber auch der Bauer der Familie Schaefer ließ sich nicht lumpen. Wann hatte man schon mal einen waschechten »Pastor« im Haus? Und so bekam der Mann Gottes immer eine Salami mit. Allerdings kam er nicht nur mit seinem biblischen Wissen, das er den Kindern vermittelte. Er sorgte auch dafür, dass die Familie bei den Spenden aus Amerika nicht leer ausging. Eckhard Schaefer hat den Mann Gottes in nobler Erinnerung. Immer wenn er am Sonntagmorgen Sport getrieben hatte, hat er dieses »Vergehen« beim nächsten Treffen gebeichtet. Als dann die Entlassung aus dem Gemeindeunterricht anstand, erhielt er als Geschenk eine Senfkornbibel. Ernst Thaut überreichte sie ihm mit dem Bibelwort: »Die leibliche Übung ist wenig nütze; aber die Frömmigkeit ist zu allen Dingen nütze und hat die Verheißung dieses und des zukünftigen Lebens« (1. Timotheus 4,8). So stand es als Widmung auf dem Deckblatt. Das war deutlich.

Entscheidung bei einer Freizeit

Zurück zum Einkaufsbummel in Hamburg: Nachdem also die neue Knickerbocker gekauft worden war, machten sie noch einen Abstecher zu Tante Erna. Sie hatte keine eigenen Kinder, aber in der Gemeinde war sie für viele Jugendliche eine Art Ersatzmutter. Mit einem Freudenruf öffnete sie die Tür: »Euch schickt der Himmel.« Vergeblich hatte sie seit Tagen versucht, die Familie zu erreichen. Damals gab es auf dem Land kaum ein Telefon. Der Grund für ihren Versuch: Zum ersten Mal nach dem Krieg gab es eine Jugendfreizeit. Und Eckhard sollte unbedingt daran teilnehmen. Es war wirklich allerhöchste Zeit, dass Tante Erna die Familie erreichte, denn die Freizeit sollte bereits am folgenden Tag beginnen. Deshalb sollte er nun gleich in Hamburg bleiben. Tante Erna lieh ihm einen Schlafanzug, weil er ja – verständlicherweise – nichts dabeihatte. Die Freizeit fand in Bahlburg, in der Nähe von Lüneburg, auf einem Strohboden statt. Die Leitung hatte Onkel Peter Jensen. Für Eckhard Schaefer wurde die Freizeit zu einer eindrücklichen Erfahrung, nicht nur, weil er bei der Freizeitzeitung mitarbeitete. Am dritten Tag ging er zu Onkel Peter und sagte ihm: »Ich möchte mich für Jesus entscheiden.«

Der Freizeitleiter war erstaunt. Seine Bibelarbeiten hatte er – so vermutet Eckhard Schaefer – so aufgeteilt, dass er mit einer Bekehrung erst gegen Ende der Freizeit rechnete. Doch so lange wollte er nicht warten. Die beiden knieten sich nieder, beteten, sprachen ein Übergabegebet. Und dann nahm er Eckhard Schaefer in den Arm und sprach ihm das Wort Gottes zu: »Jetzt bist du eine neue Kreatur. Das Alte ist vergangen, es ist alles neu geworden.« Das war zwar biblisch richtig, aber es deckte sich nicht mit Schaefers Gemütslage. Denn eigentlich fühlte er sich gar nicht so neu. Hilfen, wie wir sie heute zum Einüben in die Nachfolge Jesu kennen, etwa in Form von Jüngerschaftskursen, gab es damals noch nicht. Als Tipp für die Nachfolge wurde ihm geraten, die vier »G« zu beachten: Gebet, Gottes Wort, Gemeinschaft, Gemeinde. Andere umschrieben dasselbe mit den vier »B«: Beten, Bibellesen, Bleiben bei Jesus, Bruderschaft pflegen. Sein junger Glaube wurde noch während der Freizeit auf eine harte Bewährungsprobe gestellt. Unter den Freizeitteilnehmern war ihm ein Mädchen besonders aufgefallen. Er mochte sie mehr als alle anderen. Und nun hatte er als ein neuer Mensch ein ernstes Problem: Durfte er als »neue Kreatur« dieses Mädchen beim Völkerball noch genauso hart abwerfen, wie er es vorher gemacht hatte? Er weiß heute nicht mehr, welche Antwort er damals auf diese Frage gefunden hatte.

Am Ende der Freizeit – auch andere hatten sich für Jesus Christus entscheiden – gab es für alle Frischbekehrten einen weiteren Tipp: Sie sollten alle Brücken zur alten Welt und zur Vergangenheit abbrechen. Schon hatte Eckhard Schaefer ein weiteres Problem: Er hatte keine richtige Vergangenheit. Seine lag in Ostpreußen, und die Brücken dorthin konnte er nicht abbrechen. Es gab keine. Und im Übrigen war er eigentlich immer mit sich selber zufrieden gewesen. Was tun? Es war ihm ein echtes Anliegen, in seinem jungen Christenleben keine Fehler zu machen. Als er wieder nach Hause kam, war seine Mutter gerade beim Wäschewaschen. Die Schaefers wohnten damals in einer kleinen Kate auf dem Bauernhof. In dem Haus gab es keinen Wasseranschluss. Das Bauernhaus war 150 Meter entfernt. Alles Wasser musste von dort mit Eimern herangeschleppt werden. Er begrüßte also seine Mutter und druckste etwas herum, um ihr dann zu sagen, dass er sich bekehrt hätte. Ihre Antwort überraschte ihn dann allerdings doch. Er hatte mit etwas mehr Freude und Begeisterung über seine Entscheidung gerechnet. Stattdessen vernahm er ein schlichtes: »Das ist schön. Kannst du mir mal eben einen Eimer Wasser holen?« Seine Antwort: »Das ist aber ein schöner Empfang!« Kaum war das heraus, wusste er, dass er als »neuer Mensch« wohl hätte anderes reagieren sollen. Den Eimer Wasser holte er dann. Doch so richtig Freude am neuen Glauben hatte er noch nicht.

Die Freude am Evangelium gehörte damals ohnehin nicht zu Eckhard Schaefers täglicher Erfahrung. Klar war: Er durfte die Welt nicht lieben. Und deshalb war der Besuch eines Tanzkurses selbstverständlich ein Tabu. Aber er hatte sowieso keine Lust zum Tanzen. Aber eine andere Sache machte ihm zu schaffen: Noch auf der Freizeit hatte er gelernt, dass er jeden Tag jemandem von seinen Erfahrungen mit Jesus Christus erzählen sollte. Das war oft ein großer Krampf. So ist Eckhard Schaefer zum Beispiel gleich zum Direktor des Internats gegangen und hat ihm von seinem neuen Glauben erzählt. Zugleich bat er um die Erlaubnis, eine tägliche Morgenandacht für die Mitschüler anbieten zu dürfen. Tatsächlich wurde seinem Wunsch stattgegeben. Hinter der Orgel in einem Winkel sei das möglich, war die Antwort. Er lud also zum Bibelkreis ein – und tatsächlich kamen einige Mitschüler. Aber es war eine harte Zeit, denn ihm fehlte jede Anleitung, wie man den persönlichen Glauben im Schulalltag umsetzen konnte. Er hatte sich nur einige Traktate besorgt, die er unter seinen Klassenkameraden verteilte.

Taufe und Zusage

Eine weitere Folge seines Glaubens war seine Taufe, die im Herbst 1950 in der Gemeinde Hamburg-Harburg erfolgte. Eckhard Schaefers Taufspruch aus Johannes 12 lautet: »Wer mir dienen will, der folge mir nach; und wo ich bin, da soll mein Diener auch sein.« Beim Gratulieren nach der Taufe wartete Pastor Thaut mit einer Überraschung für ihn. Er meinte, er habe den Eindruck, Gott werde ihn berufen, in die Fußstapfen seines Vaters zu treten – als Prediger. Thaut kannte seinen ehemaligen Kollegen Karl Schaefer noch persönlich von der gemeinsamen Zeit am Theologischen Seminar. Eckhard Schaefer machte die Zusage damals stolz. Aber was er noch nicht wirklich durchschaute: Dieses »prophetische Wort« hat ihn in seiner Persönlichkeitsentwicklung deutlich eingeschränkt. Das hat er erst später festgestellt. Er hatte sich nie ernsthaft mit beruflichen Alternativen zum Pastorenberuf auseinandergesetzt. Alles, was vielleicht an anderen beruflichen Möglichkeiten für ihn infrage gekommen wäre, hielt er gleich für eine Art geistlicher Versuchung oder Anfechtung. Der musste er widerstehen.

Die Nachfolge Jesu war für Eckhard Schaefer am Anfang sehr stark durch mahnende Bibelworte geprägt: Er musste das Kreuz tragen und gehorsam sein. Er selbst sagt heute: »Ich habe eine Frömmigkeit kennengelernt und gelebt, die die landläufige Meinung bestätigte, dass Christen zwar brave, aber irgendwie traurige Leute sind. Freude gibt es erst im Himmel. Der Weg dahin ist aber dornig und beschwerlich.« Wenn er eine Entscheidung zu fällen hatte, egal in welchem Bereich, hieß es, entsagungsvoll den schweren Weg zu wählen und nicht den leichteren oder vergnüglicheren. Das hing mit seinem damaligen Gottesbild zusammen. Demnach wacht Gott darüber, dass seine Leute nur mit Ernst den Weg der Heiligung gehen dürfen. Das ist der Hintergrund für einige spätere prägende Erfahrungen aus der Teenager- und Jugendzeit.

Fußball statt Gottesdienst

Während der Zeit im Internat in Bederkesa gehörte er zur Gemeinde Bremerhaven. Wie schon vorher in Kalbe war es eine entbehrungsreiche Zeit. Es gab wenig zu essen und das, was es gab, war nicht sonderlich nahrhaft. Jeden Morgen standen Haferflocken und Margarinebrot und abends Schmalzstullen auf dem Tisch. Die Schüler mussten ihr eigenes Essbesteck mitbringen, das unter kaltem Wasser abgespült wurde. Gelegentlich fingen die Schüler zur »Aufbesserung der Kalorienwerte« Tauben und brieten sie über dem Lagerfeuer.

Eckhard Schaefer teilte sich sein Zimmer mit sieben weiteren Schülern. Das Ganze ähnelte mehr einer Kaserne als einer Schule. Statt

Schränke gab es tatsächlich Militärspinde auf den Zimmern, die noch aus Kriegszeiten stammten. Und die Lehrer waren ebenso gewohnt, Kommandos zu erteilen: »Wer nicht spurt, fliegt raus.« Ihr Drohmittel: 100 andere Schüler warteten, einen Platz in der Schule zu bekommen.

Während dieser Zeit gehörte er zum Leichtathletikverein und spielte auch als Torwart im Fußballverein. Auch wenn seine Mutter weit weg war, hatte er dabei ständig ein schlechtes Gewissen. Vor allem, wenn sonntags Spiele oder Wettkämpfe angesetzt waren. In seiner Gemeinde hörte er oft: »Der Christ läuft in der Aschenbahn des Glaubens und nicht in der Aschenbahn des Stadions.« Er war im Sport nicht schlecht. In der Leichtathletik brachte er es bis zum Kreismeister beim 1000-Meter-Lauf. Auf Rat des Jugendleiters verbrannte er später jedoch alle seine Urkunden. »Ich wollte dem Herrn ein Brandopfer bringen.« Heute ärgert er sich darüber. Er würde diese Urkunden gerne seinen Kindern zeigen, um ihnen zu beweisen, dass es eine Zeit gab, in der er richtig fit war. Seine Kinder haben daran grundsätzliche Zweifel.

Seinen Glauben definierte Eckhard Schaefer damals durch Abgrenzung, was während seines Internatslebens immer wieder deutlich wurde. Zwar war er Klassensprecher, seine Klassenkameraden vertrauten ihm und natürlich feierte er mit ihnen ab und zu auch kräftig. Aber auch da hatte er ein schlechtes Gewissen. Und wenn im Musikunterricht Mozarts »Zauberflöte« behandelt wurde, dann war ihm vollkommen klar, dass das mit Osiris und der Königin der Nacht alles Sünde war. Was für ihn damals ganz schlimm war: Er hatte keinen Gesprächspartner, mit dem er über seine Gedanken und Gefühle hätte reden können. Und die Prägung durch gestandene Christen lautete: »Hab nicht lieb die Welt.« Dieser Widerspruch drohte ihn innerlich zu zerreißen.

5. Umzug nach Herford und Schulwechsel nach Bad Salzuflen

Während Eckhard Schaefer auf dem Internat war, hatte 1953 seine Mutter mit seinem Bruder Dietmar das Dorf Kalbe verlassen und war nach Herford in Ostwestfalen umgezogen. Dort konnten sie als Untermieter eine kleine Wohnung mit eineinhalb Zimmern beziehen. Nach Herford war sie gegangen, weil dort bereits eine Tante der Familie lebte. Doch es war nicht einfach, für sie eine geeignete Arbeitsstelle zu finden, denn sie war ja lediglich eine Pastorenwitwe. In der Rechtsabteilung des Sozialverbandes VdK wurde eine Fachkraft gesucht, die Steno und Schreibmaschine schreiben konnte. Maschineschreiben konnte Lydia Schaefer, Steno konnte sie nicht. Dennoch bekam sie die Stelle. Allerdings fiel in der Abteilung nach einigen Wochen auf, dass die Briefe, die herausgeschickt wurden, nicht exakt dem diktierten Wortlaut entsprachen. Das war leicht zu erklären: Sie hatte sich immer nur Stichworte aufgeschrieben und dann nach eigenen Vorstellungen den Brief formuliert. Allerdings sahen ihre Vorgesetzten ein, dass die so von ihr bearbeiteten Briefe besser waren als die diktierten. Und so konnte sie bleiben.

Im Sozialverband machte Frau Schaefer Karriere: Sie wurde bald zur Kreisvorsitzenden gewählt, dann wurde sie Mitglied des Landesvorstandes und sie arbeitete in verschiedenen sozialpolitischen Gremien, auch auf Bundesebene. Über 25 Jahre war sie ehrenamtliche Sozialrichterin beim Landessozialgericht in Essen. Bis zu ihrem 80. Lebensjahr hat sie ehrenamtliche Aufgaben wahrgenommen. Dafür wurde ihr 1979 das Bundesverdienstkreuz verliehen. 1992 erhielt sie zusätzlich das Bundesverdienstkreuz erster Klasse. Bei der Ordensverleihung hat Eckhard Schaefer den versammelten Regierungsvertretern im Namen der Familie unter anderem gesagt: »Wir sind stolz auf unsere Mutter, die heute diese hohe Ehrung erhält. Als Familienangehörige haben wir allen Ihnen gegenüber einen Vorzug: All das Gute und Anerkennende, was in den verschiedenen Wortbeiträgen gesagt wurde, kennen wir schon viel länger als Sie. Unsere Mutter hat heute in diesem ehrwürdigen Rathaussaal einen Platz am Präsidententisch. Wir kennen sie aber auch, als sie auf einem Melkschemel saß, um uns in der Nachkriegszeit zu ernähren. Unsere Mutter steht heute aufrecht vor Ihnen. Wir kennen sie aber auch, wie sie sich jahrelang morgens in der Frühe gebückt hat, um im Wald Bäume zu pflanzen und damit ein Minimum zum Lebensunterhalt zu verdienen. Sie ist uns ein großes Vorbild und hat die Messlatte sehr hoch gelegt. Wir trainieren vermutlich ein Leben lang, um diese Messlatte zu erreichen ... Zu den biografischen Eckdaten unserer Mutter gehören drei Orte in Nordostpreußen: Goldap, Pillau und Zinten. Diese drei Orte konnte ich gemeinsam mit ihr besuchen. Je älter man wird, desto mehr denkt man über die Wurzeln nach, die einen Menschen tragen. An allen drei Orten fanden wir nur noch Brachland vor. Alle Häuser und früheren Wirkungsstätten waren zerstört. Aber auf allen Grundstücken stehen heute noch Bäume, deren Wurzeln in die Zeit vor 1945 reichen. Zu den verborgenen Wurzeln im Leben unserer Mutter gehörten ihr Gottvertrauen und ihre Zuversicht, dass unser Leben in Gottes Hand ist. Meine Mutter hätte ihre Kraft und Begabung, die heute lobend erwähnt wurde, ganz bestimmt ehrenamtlich an der Seite ihres Mannes eingesetzt. Das war ihr verwehrt. Sie gehört aber zu den Menschen, die deshalb nicht in Selbstmitleid verfallen sind, sondern nach geleisteter Trauerarbeit zielgerichtet nach vorne geschaut haben.«

Als die Mutter in eine Seniorenwohnanlage zog, hat sie auch nach ihrem 80. Lebensjahr dort den Mitbewohnern ihre Rentenbescheide durchgesehen und manchen geraten, Beschwerde einzulegen. Einige von ihnen haben ihr Nachzahlungen von über 20 000 DM zu verdanken. In ihrer neuen Heimat Herford war sie stadtbekannt. Bei jedem Stadtbummel wurde sie immer wieder von Bekannten und Freunden angesprochen. Zu ihren Aufgaben als VdK-Kreisvorsitzende gehörte es, für 600 Kriegswitwen jedes Jahr die Weihnachtsfeier zu gestalten. Sie bat ihren Sohn Eckhard, ihr die Ansprache auszuarbeiten. Es war ihr Wunsch, dass dabei auch der eigentliche Sinn von Weihnachten bezeugt und Gottes Menschenfreundlichkeit nicht unterschlagen wurde. Ihre Rede kam gut an. Bei einem Spaziergang mitten im Sommer sagte ihr eine Frau im Vorübergehen: »Ich freue mich schon so auf die nächste Weihnachtsfeier. Sie machen das besser als jeder Pastor.«

Dass ein Pastor als Ghostwriter im Hintergrund tätig war, ist dieser Frau verborgen geblieben. »Hoffentlich ist ihr aber nicht verborgen geblieben, dass Weihnachten der Heiland der Welt geboren ist«, meint Eckhard Schaefer zum Beweggrund seiner Arbeit.

Gott oder Goethe?

Bei einem Besuch bei seiner Mutter in Herford wurde ihm klar: Er hatte keine Lust mehr, weiter das Internat in Bederkesa zu besuchen. Das war eine Folge seiner inneren Zerrissenheit zwischen seinem Glauben und dem Lehrplan. Sein Wunsch, die Schule zu schmeißen, hatte zudem eine »pseudogeistliche« Ursache. So sieht er es heute. Es gab für ihn nämlich ein Problem. Er fragte sich ernsthaft, ob es Gottes Wille sein konnte, dass er weiter zur Schule ging. Äußerer Anlass für dieses Denken war ein Besuch in einer Zeltmission. Evangelist war Franz Lüllau. Der warnte vor »dem heidnischen Geist an deutschen Gymnasien«. Er meinte, dass das liederliche Leben von Goethe Schülern nicht als Vorbild dienen konnte. Solche klaren Worte fielen bei Eckhard Schaefer auf fruchtbaren Boden. Er erklärte seiner Mutter mit aller Entschlossenheit, dass er nicht mehr auf das Gymnasium zurückkehren würde. Diese Entscheidung habe er im Einklang mit dem Willen Gottes getroffen. Seine Mutter war anderer Meinung. Aber er war von seinem Entschluss völlig überzeugt. Er einigte sich mit seiner Mutter schließlich auf einen Kompromiss: Er würde nicht mehr ins Internat nach Bederkesa zurückkehren, stattdessen sollte er in Bad Salzuflen, der Nachbarstadt von Herford, weiter das Gymnasium besuchen. Große Lust dazu hatte er jedoch nicht. Sein, wie er heute sagt, verengter Blickwinkel hatte seine Prioritäten verschoben.

In der »Jungen Mannschaft«, der Zeitschrift der Jugendarbeit seiner Freikirche, fand er zu jener Zeit einen Aufruf. Es wurden junge Leute gesucht, die bereit waren, ein Jahr lang im Reich Gottes mitzuarbeiten. Er bewarb sich, obwohl er gerade erst 16 Jahre alt war. Er schrieb: »Ich will mich ganz für Jesus einsetzen. Das ist mein Ziel.« Er erhielt eine Antwort von Hans Arndt, dem damaligen Leiter des Gemeindejugendwerks in der Freikirche. Der schrieb, dass nicht nur die Dauer der Jahre entscheidend seien, die man im Reich Gottes arbeite, sondern auch die Qualität der Arbeit. Er sollte doch bitte die Schule zu Ende machen. Er war mit diesem Antwortschreiben nicht zufrieden. Er hätte mehr Begeisterung für sein Anliegen erwartet. Aber ihm war nach dieser Antwort klar: Bürgerliche Leute verstehen einfach nichts von Hingabe.

Später war er gemeinsam mit Hans Arndt Pastor in Hannover. Immer wenn das Gespräch auf diese Episode seines Lebens kam, mussten beide schmunzeln.

Kein Platz in der Wohnung

Wenn Eckhard Schaefer seine Mutter als Internatsschüler in den Ferien in Herford besuchte, wohnte er in der kleinen Wohnung seiner Mutter. In den Ferien war die Enge auszuhalten. Als nun für ihn feststand, dass er nicht ans Internat zurückkehren wollte, gab es aber ein Problem. Wo sollte er bleiben? Die Wohnung seiner Mutter war wirklich zu klein. Sie war betrübt darüber, dass sie ihren Sohn nicht bei sich aufnehmen konnte. Der Kolonialwarenhändler in der Nachbarschaft sah wohl, dass etwas mit ihr nicht stimmte, und sprach sie deshalb direkt an: »Bedrückt Sie etwas? Sie sehen so traurig aus.« Sie schilderte dem Mann daraufhin ihre Lage. Der war recht unkompliziert und unterbreitete ihr spontan einen Vorschlag. Sein Sohn war im CVJM. Bei ihm könnte Eckhard Schaefer in einem Zimmer unter dem Dachboden schlafen.

Gelegentlich trifft er diese Leute heute noch. Nicht wegen des Schlaflagers, sondern der Kontakt seiner Mutter zu dieser Familie hatte persönliche Folgen. Die Familie suchte nämlich ein Hausmädchen. Die Mutter empfahl den Leuten, doch in der baptistischen Zeitschrift »Die Gemeinde« ein Inserat aufzugeben. Wenn sich da jemand melden würde, wäre diese Person sicher gut geeignet und vertrauenswürdig. So geschah es. Tatsächlich bewarb sich eine junge Frau um die Stelle. Und wie es so kam: Der Sohn der Familie verliebte sich in sie. Schon seit vielen Jahren sind die beiden verheiratet und wertvolle Mitarbeiter in einer Baptistengemeinde. Und als ihr erster Sohn geboren wurde, nannten sie ihn Eckhard.

»Der Herr kommt bald«

Eckhard Schaefer erinnert sich an eine Bibelwoche aus jener Zeit mit dem Thema »Der Herr kommt bald«. Endzeitthemen hatten in der Nachkriegszeit Hochkonjunktur. Der Referent sprach über die Endzeit so, als wenn er selber schon dabei gewesen wäre. Er wusste auch manche Einzelheiten, die Eckhard Schaefer beim Nachlesen in der Bibel dort so nicht finden konnte. Vor allem malte er die große Trübsal aus, die auf die Christen vor der Wiederkunft Christi wartete. Vermutlich hatte der Referent in seinen Ausführungen auch seine eigenen schrecklichen Kriegserlebnisse verarbeitet. Nach seiner Meinung stand eine Christenverfolgung unmittelbar bevor. Mit seinen Äußerungen überzeugte er auch den späteren Pastor. Der wollte dem Herrn treu bleiben, auch gerade dann, wenn es Verfolgung geben würde. Allerdings hatte er Zweifel, ob er diese Zeit der Bedrängnis auch durchhalten würde. Ohnehin beschäftigte er sich zu jenem Zeitpunkt mit den Büchern der beiden von den Nazis ermordeten evangelischen Theologen Dietrich Bonhoeffer und Paul Schneider. Letzterer hatte aus seiner Gefängniszelle anderen Gefangenen immer wieder die Tageslosung zur Ermutigung zugerufen. Eckhard Schaefer interessierte es, warum viele Angehörige der Vätergeneration seiner Konfessionsfamilie Adolf Hitler so hofiert hatten. Bonhoeffer und Schneider hatten dies nicht getan und waren deshalb für ihn große Vorbilder. Wie sie ihren Glauben in der Haft bekannt hatten, war für ihn beispielhaft. Er wollte in der nun vorhergesagten Verfolgungszeit Christus ähnlich treu bleiben wie diese beiden Glaubenshelden. Doch da waren seine eigenen Zweifel, ob er das auch schaffen würde. Ein lebendiges Vorbild für ihn war der damalige Jugendpastor Arnold Hopf. Und deshalb ertappte er sich, wie er betete: »Herr, wenn ich schon ins Gefängnis muss, dann doch bitte mit Arnold Hopf, sodass ich dich nicht verrate. Der wird mich unterstützen. Allein in einer Zelle – dann kann ich dir für nichts garantieren.« Ein naives Gebet. Aber wie gut, wenn Teenager, die ungefestigt im Glauben sind, Vorbilder haben. Als er später Arnold Hopf diese Begebenheit erzählte, war dieser ganz gerührt.

Christsein im Betrieb

Lange hielt es Eckhard Schaefer auf dem Gymnasium in Bad Salzuflen nicht aus. Er besuchte es nur bis zur 10. Klasse und verzichtete auf das Abitur. Stattdessen machte er nach der mittleren Reife eine Lehre als Industriekaufmann in einer Motorenfabrik. Er folgte damit seiner, wie er heute meint, zwanghaften Einsicht, die Prioritäten im Leben richtig zu setzen. Für ihn war klar, dass es in der Endzeit richtig ist, sich nicht mehr um die deutschen Klassiker und andere schulische Weisheiten zu kümmern. Er wollte vielmehr im Alltag Christus bezeugen. Das war sein oberstes und höchstes Ziel. Weil er in der 10. Klasse nicht am gemeinsamen Tanzkurs teilnahm, nannten ihn die Mitschüler den »keuschen Josef«. Er hat das damals als Auszeichnung verstanden. Auch in der neuen Firma bekannte er sich sofort zum Glauben. Er ging als Lehrling zum Prokuristen, um ihm zu erklären, dass Lügen am Telefon für ihn nicht infrage käme, weil er Christ sei. Dieses Beispiel hatte er zuvor einmal in einer Predigt gehört. In seiner Firma – in der Montage – war noch ein anderer Jugendlicher aus der Herforder Baptistengemeinde. Mit ihm traf er sich jeden Morgen um 6.30 Uhr eine halbe Stunde vor Arbeitsbeginn zur Stillen Zeit. Im Gebet segneten sie die Firma und befahlen auch die Kollegen dem Segen Gottes an. In der Gemeinde kümmerte er sich um die Jungschar und leitete eine missionarische Kindergruppe in einem Flüchtlingslager, die bis zu 60 Besucher zählte. Die Jugendgruppe wählte ihn zum Leiter.

Predigten in Stationsgemeinden

Dass Eckhard Schaefer Christ war, hatte sich in seiner Firma schnell herumgesprochen. Wegen seiner Gradlinigkeit wurde er allgemein geschätzt. Ihm wurden bereits in der Lehrzeit Verantwortungsbereiche übertragen, die andere Mitarbeiter in der Regel erst nach dem Abschluss ihrer Lehre wahrnehmen konnten. Wenn aber ein Betriebsausflug angesetzt war, so forderte sein Glauben Konsequenzen. Er nahm nie daran teil. Schließlich wurde dort getanzt und auch zu viel getrunken. Die Folge: Er war ein Einzelgänger.

Zu jener Zeit war noch die 48-Stunden-Woche üblich. Während die anderen also feierten, hatte Eckhard Schaefer Telefondienst in der Firma. Dafür bekam er dann am Samstag frei. Das passte ihm gut, denn so hatte er mehr Zeit, sich in der Jungschargruppe zu engagieren.

Von Herford aus schickte ihn der Gemeindepastor in eine Zweiggemeinde nach Bünde. Da sollte er predigen. Damals war er gerade 18 Jahre alt. Auch in Melle, einem anderen Nachbarort, gab es eine weitere Tochtergemeinde. Doch die Bedingungen dort waren wenig erbaulich. Man traf sich in einer Schule in der Klasse des ersten Schuljahres. Wenn die Besucher auf den winzigen Stühlchen Platz nahmen, reichte ihnen das Knie bis zum Kinn. Bei seiner ersten Predigt weinten einige ältere Schwestern. Das irritiere ihn zunächst. Er wusste nicht, ob sie von seiner Predigt so ergriffen waren oder ob sie aus Mitleid mit ihm weinten. Schließlich ging ihm aber doch ein Licht auf. Für die Tränen war der ostpreußische Hintergrund dieser Frauen verantwortlich. In Ostpreußen war die Auffassung weit verbreitet: Wo Segen fließt, müssen auch Tränen fließen. Der Pastor der Herforder Gemeinde, Willi Riemenschneider, erklärte ihm das und bescheinigte ihm, dass er den »Test« auf den »Predigtstationen« bestanden hatte.

Was man als Christ nicht darf

Aus dieser Zeit sind ihm noch einige Beobachtungen und Beispiele gegenwärtig, nach denen die Gnade Gottes allein zwar für die Seligkeit ausreicht, aber möglichst doch durch gute Werke und sittliches Wohlverhalten flankiert werden muss. Heute muss der Theologe darüber schmunzeln. Einige überzeugende Beispiele für die »böse Welt«, mit der die Christen nichts zu tun haben sollten, hatte der Pastor in seinem Repertoire: Den Chef darf man nicht am Telefon verleugnen, also nicht lügen. Das hatte Eckhard Schaefer als Lehrling so schon praktiziert. Die weiteren Punkte lauteten: Vorehelicher Geschlechtsverkehr ist Sünde, und ein Christ geht nicht ins Kino. Die Begründung wegen des Kinoverbots leuchtete vielen durchaus ein: »Denn der Herr Jesus wird bei der Entrückung die Leute in dem dunklen Kinosaal nicht finden.« So ist er zehn Jahre lang nicht ins

Kino gegangen. Er sagt heute: »Damals hielt ich das, was ein Pastor sagt, für die reine Wahrheit. Das ist aber schon lange her!«

In der Gemeinde selbst wurden diese Regeln aber offenbar nicht so konsequent umgesetzt. Es gab Gerüchte. Einige Gemeindemitglieder meinten, zwei Brüder aus dem Vorstand in einem Kino gesehen zu haben, natürlich in einem Nachbarort. Das war für einige Zeit ein immer wiederkehrendes Gesprächsthema in mehreren Gemeindekreisen. Nach zehn Jahren Kino-Abstinenz merkte Eckhard Schaefer bei sich selber, dass er wegen dieser entwickelten Tugend mächtig stolz auf sich wurde, und er entschloss sich deshalb, doch einen Film anzuschauen. Es passte gut, dass gerade der Film »Die Zehn Gebote« gezeigt wurde. Er lud einen Freund ein mitzukommen. Auf diesen Freund hielt er wegen dessen Frömmigkeit große Stücke. Von dem Filmgeschehen war Schaefer hell begeistert. Das war schließlich zu einer Zeit, als die Menschen noch nicht bildverwöhnt wie heute waren. Das Fernsehen gab es noch nicht. Als mitten im Film plötzlich ein Fanfarenruf erklang, war er tief erschrocken. Er vermutete, dass diese Fanfaren die auch von ihm ständig erwartete Wiederkunft Jesu ankündigten. Prompt fasste er nach links zu seinem Freund. Als der noch auf seinem Stuhl saß, konnte er aufatmen. Immer wieder hat er später diese Episode erzählt: »Erst da konnte ich mich entspannt zurücklehnen und den Film genießen, weil ich wegen der Frömmigkeit meines Freundes überzeugt war: Den holt der Herr auch aus dem Kino.«

Aufregung gab es in der Gemeinde auch, weil Gemeindemitglieder zu einer ganz harmlosen Unterhaltungsveranstaltung mit dem Entertainer Peter Frankenfeld gegangen waren. Die Tageszeitung hatte über die Veranstaltung berichtet und ein Foto gebracht, auf dem ausgerechnet auch diese Gemeindemitglieder zu sehen waren.

Es gab noch andere »wichtige« Themen im Leben von Eckhard Schaefers Heimatgemeinde. Man stritt sich über die Frage, wie lang Röcke nach den Aussagen der Heiligen Schrift sein mussten – und auch welche Länge die Haare haben sollten. Allen war klar: Selbstverständlich sollten Frauen keinen Schmuck tragen. Völlig verpönt war es zudem, sich zu schminken. Aber gelegentlich schauten Besucher aus Amerika vorbei und kamen auch in den Gottesdienst. Dabei fiel nicht nur Eckhard Schaefer auf, dass die Baptistinnen nicht ganz so zurückhaltend dezent gekleidet waren wie deutsche Frauen. Vor allem hatten sie dem Schöpfer bei der Farbgebung offenbar etwas nachgeholfen und dabei mit Schminke durchaus nicht gegeizt. Das löste die dann heiß diskutierte Frage aus: Kann man mit geschminkten Lippen Gott loben? Mit den direkt Betroffenen mochte das aber niemand besprechen. Schließlich waren diese Leute als überzeugte Christen bekannt – auch dafür, dass sie sehr vorbildlich diakonische Aufgaben wahrnahmen und Liebesgabenpakete schickten. Von daher war die Kritik an ihnen von einer frommen Zurückhaltung gekennzeichnet.

Friedensdienst ohne Waffen

In dieser Zeit befasste sich Eckhard Schaefer nicht nur mit diesen »innerbetrieblichen«, manchmal kleinkarierten gemeindlichen Fragen. Auch wenn er selbst die Nazidiktatur nur als Kind erlebt hatte, spürte er die Auswirkungen bis in die Nachkriegszeit hinein. Und das machte ihn hellwach für das Tagesgeschehen. An den politischen Fragen kann man sich als Christ nicht vorbeidrücken. Die Sprachlosigkeit der Vätergeneration hatte die politische Entwicklung im »Dritten Reich« gefördert. Für ihn folgte daraus, dass er als Internatsschüler den Geschichtslehrer fragte, warum die deutsche Geschichte im Unterricht mit Bismarck aufhörte. Als es dann Anfang 1950 um die Wiederaufrüstung und später um die Ausrüstung der Bundeswehr mit Atomwaffen ging, bekannte er sich öffentlich zum Friedensdienst ohne Waffen. Dass der Vater im Krieg gefallen war, spielte dabei sicher auch eine Rolle. 1954 hielt der Evangelist Dietmar Junge im Missionszelt in Herford einen Vortrag. Das Thema lautete »Mit Bibel und Karabiner?«. Dass man nicht in der einen Hand die Bibel und in der anderen gleichzeitig eine Waffe haben kann, begründete der Evangelist mit seiner Gewissensbindung an Jesus Christus und nicht mit einem politischen Parteiprogramm. Für Eckhard Schaefer war es damals völlig unbegreiflich, wie viele treue Christen über diesen Vortrag den Kopf schüttelten. Das waren dieselben Leute, die keine Gewissensbisse hatten, als sie zehn Jahre früher

»Heil Hitler« gerufen hatten, aber zugleich vorgaben, als Christen ganz unpolitisch gewesen zu sein. Er hat damals begriffen, dass Christen in politischen Fragen nicht immer einer Meinung sein müssen – wohl auch nicht können. So hat er seine Sicht zwar überzeugend, aber nie fanatisch zum Ausdruck gebracht. Später hatte er auch gute Freunde, die in der Bundeswehr Dienst taten oder als Berufssoldaten sich aus ihrer Sicht verantwortlich für den Frieden einsetzten. Schwierigkeiten hatte er, wenn junge Leute ein Schuldbekenntnis der Väter-Generation verlangten. Schuld zu formulieren heißt: »Ich stehe vor Gott und nicht vor den Menschen, die das gerne hören.« Diese Überzeugung hat ihn auch später bei der deutschen Wiedervereinigung geleitet. Er sprach sich das Recht ab, über andere zu urteilen oder zu richten. Er weiß: Niemand wird als Held oder Widerstandskämpfer geboren. Nur in der Stunde der Anfechtung lernt der Mensch sich selbst kennen und ahnt, welche Entscheidungen von ihm erwartet werden. Wie man sich in einer Diktatur verhalten sollte, darf niemand einklagen oder bewerten, der in einer Demokratie lebt und selbst dort schweigt, wo man reden oder gegen Unrecht anschreien könnte.

6. Die Rufer-Arbeit

Durch die Jungschar- und Jugendarbeit in seiner Gemeinde kam er in Kontakt mit dem Gemeindejugendwerk Niedersachsen (GJW), das auch für Ostwestfalen zuständig war und ist. Er wurde zum Kreisjungscharwart im Westkreis gewählt. Mit dem damaligen Jugendpastor Wilhard Becker hatte er einige für ihn wichtige Begegnungen. Wilhard Becker war auch der Gründer der »Rufer-Arbeit«, einer jugendmissionarischen Bewegung innerhalb der Baptistengemeinden. Er schaffte es, den Mitarbeitern das Gefühl zu vermitteln, dass sie durch ihr Engagement direkt im »Vorzimmer Gottes« tätig waren und dort eine ganz wichtige Verantwortung zu tragen hatten.

Nach seiner Ausbildung zum Industriekaufmann, die er wegen guten Leistungen vorzeitig beenden konnte, sollte sich nun ein großer Traum erfüllen: Eckhard Schaefer bewarb sich zur Mitarbeit bei der Rufer-Arbeit. Er wollte Mitglied im Jahresteam werden. Tatsächlich wurde er angenommen. Gerne hörte er Predigten und Referate von Wilhard Becker und Arnold Hopf. Und er lernte einen neuen, ganz anders geprägten Glauben kennen als jenen, den er bislang praktiziert hatte. So lernte er, dass Nachfolge Jesu keine Pflichtveranstaltung oder Sollerfüllung ist, sondern eine persönliche Bindung an Jesus Christus – ausschließlich aus Freiheit und Liebe heraus. Wenn der Pastor im Ruhestand an diese Zeit denkt, dann hält er fest: »Ich hatte es nötig, aus einer gesetzlichen erstickenden Enge herausgeführt zu werden. Ich lernte, dass Nachfolge Jesu sich nicht in einem Getto abspielt, sondern in einer Welt, die nach allen Seiten offen ist, in der man leben und atmen kann, die eine Fülle von Entdeckungen bereithält.«

Mit einer Flasche Wein in die Rufer-Arbeit gestartet

Den Start in die Rufer-Arbeit bildete eine Silvestertagung in der Jugendherberge in Höxter. Auf der Tagung wurde das Evangelium für viele Freizeitteilnehmer und auch für Eckhard Schaefer zu einer frohen Botschaft. Viele Freizeitteilnehmer bekehrten sich oder machten einen Neuanfang im Glauben. Nach Abschluss der Tagung lud Wilhard Becker seinen jungen Kollegen in seine Wohnung ein. Bei dieser Gelegenheit sollte, die gelungene Silvestertagung und der Start in die Jahresmannschaft gefeiert werden – mit einer Flasche Wein. Eckhard Schaefer wusste nicht, wie er sich verhalten sollte, denn bisher war er fest davon überzeugt gewesen, dass Alkohol für einen Nachfolger Jesu Sünde ist. Und nun sollte er auf einmal ein Glas Wein trinken. Dies war für ihn ein wichtiger Augenblick. Er fing an darüber nachzudenken, ob die Art zu glauben, wie er es bisher getan hatte, der einzig richtige Weg war. Es war für ihn auch der Beginn, in die wirkliche Freiheit des Evangeliums hineinzuwachsen. Er lernte: Christlicher Glaube ist mehr, als dieses oder jenes nicht zu tun oder zu lassen.

Schließlich hatte er feststellen können, dass Gott einen für ihn vorbildlichen Pastor, nämlich Wilhard Becker, in seinem Dienst segnet und bestätigt, obwohl der gelegentlich nach dem Bibelwort lebt: »Trink deinen Wein mit gutem Mut. Denn dies, dein Tun, hat Gott schon längst gefallen« (Prediger 9,7).

Die erste Rufer-Woche, bei der er mitarbeitete, war keine typische Jugendwoche. Die fanden normalerweise in der Aula einer Schule oder in einer Gaststätte statt. Diese Rufer-Woche sollte dagegen im Gemeindehaus der Baptistengemeinde in Zürich veranstaltet werden. Außer ihm waren noch drei »Profis« in der Mannschaft. Er war der Jüngste. Bei der Vorbereitung eines Abends bat ihn Wilhard Becker, den Abschluss zu machen. Zuvor wurden Erlebnisberichte mit Jesus erzählt und es gab eine kurze Ansprache. Dann sollte Eckhard Schaefer zur Seelsorge einladen und auch den Ruf zur Hingabe an Jesus Christus leiten. Das war eine hohe Verantwortung. Doch er war so nervös, dass sein Beitrag nach seiner Einschätzung völlig in die Hose ging. Sein Aufruf konnte allenfalls mit der Hoffnung verknüpft werden, dass Gott auch durch eine törichte Predigt Menschen ansprechen kann. Zur Mannschaftsarbeit gehörte es, die Abende vorzubereiten und im Gebet zu begleiten, aber auch konstruktive Kritik zu üben. Und so wurde am nächsten Tag offen darüber diskutiert, wie die anderen das Programm des Vorabends empfunden hatten. Schaefer war in Sorge, dort völlig zerrissen zu werden. Und tatsächlich wurde auch offen ausgesprochen, dass sein Beitrag nicht gerade der stärkste gewesen war. »Du machst heute Abend noch mal den Abschluss«, bestimmte daraufhin Wilhard Becker. Das war eine große Ermutigung für ihn. Sie hat ihm viel Vertrauen für alle weiteren Einsätze gegeben.

Während der Woche in Zürich begegnete ihm ein späterer Kollege, mit dem er eine gemeinsame Wegstrecke in Hannover zurücklegte, nämlich Pastor Werner Rosemann. Der war damals Pastor in Zürich, später in München, Hannover und Düsseldorf. Werner Rosemann ist bis heute für Eckhard Schaefer ein großes Vorbild als Prediger. Sein besonderes Kennzeichen: Er entfaltet einen Bibeltext und verabschiedet sich nach der Textlesung nicht von dem Bibelwort, um dann seine Privatmeinung über Gott und die Welt kundzutun.

Die böse Welt ist die von Gott geliebte Welt

Die Mitarbeit in der Rufer-Arbeit hat das Glaubensleben von Eckhard Schaefer verändert. Er berichtet: »Mit knapp 14 Jahren hatte ich bewusst Ja zu Jesus Christus gesagt und mich von dem, was man damals unter ›böse Welt‹ verstand, abgewandt. Die Bibel habe ich unter dem Gesichtspunkt gelesen: Was ist erlaubt, was ist verboten? Jetzt lernte ich, mich gemeinsam mit Jesus Christus zur Welt hin zu bekehren. Und ich begriff die böse Welt als die von Gott geliebte Welt.« Diese zweite Bekehrung war auch eine Befreiung zur Natürlichkeit. Seitdem gehören Lachen und Humor als Begleiter zur Verkündigung des Pastors. Er bezeugt: »Ich habe gelernt, dass der Glaube nicht dazu da ist, das Leben zu verbrämen, sondern dass er es überhaupt erst möglich macht.« Neben dem Heiligen Geist hat auch ein Glas Wein zu dieser Einsicht beigetragen.

Die Art und Weise, wie in der Rufer-Arbeit evangelisiert wurde, spiegelte die Freundlichkeit Gottes wider. Theaterstücke, Sketche, jugendgemäße Musik gehörten lange vor Willow Creek zum Repertoire der Verkündigung. Die Botschaft wurde nicht als geballte Ladung frommer Richtigkeiten präsentiert. Stattdessen wurde von Erfahrungen und Erlebnissen mit Jesus erzählt. Die meist jungen Gäste wurden zu einem »Leben mit Vision« eingeladen, zu einem Leben nach Gottes Plan. Und viele kamen, 200 bis 500 und manchmal auch mehr. »Ein Leben in der Nachfolge Jesu, das von Glaube, Liebe und Hoffnung und Freude und Zuversicht geprägt ist, ist zwar Gottes Geschenk; es fällt uns aber nicht als Postwurfsendung in den Schoß. Wer neues Leben gewinnen will, muss wissen, wie Jesus, der Prototyp des neuen Menschen, ist und was er will. Und er muss wissen, wer er selbst ist«, so Eckhard Schaefer. Zum seelsorgerlichen Angebot in der Rufer-Arbeit gehörte es deshalb, Menschen einzuladen, in einen Spiegel zu schauen und sich vier göttlichen Maßstäben aus der Bergpredigt zu stellen: Ehrlichkeit, Ordnung des geschlechtlichen Lebens, Selbstlosigkeit und Liebe. Das sind keine Forderungen, die willkürlich aufgestellt wurden. »Das würde dann zu nutzlosen Diskussionen führen«, meint er. Maßstäbe sind vielmehr zum Messen da. Sie sind nicht manipulierbar. Der Pastor erinnert sich: »Es ist nötig, sich so zu sehen, wie man ist. Das habe ich auf dem Weg zur Freiheit gelernt und erfahren. Als Mitarbeiter haben wir – bevor wir es anderen empfohlen haben – uns zunächst selbst einen Spiegel vorgehalten und Gott gebeten, er möge uns zeigen, wo unser Leben nicht der unbedingten Wahrhaftigkeit, Reinheit, Selbstlosigkeit und Liebe entspricht.« Was im schweigenden Nachdenken in der Gegenwart Gottes aus dem Nebel der Erinnerung in den Sinn kommt, lässt alle Beschönigungen und Entschuldigungen verstummen. Wenn er über diese Zeit spricht, erklärt er: »Früher hatte ich gedacht, dass Sünde eine moralische Angelegenheit ist und Sündigen eine Sache mangelnder Selbstbeherrschung. Nun sehe ich deutlich: Sünde, auch die meine, ist eine zerstörerische Macht. Sie liefert mich den Wirkungen der von mir zu verantworteten Taten oder Unterlassungen aus. Diese Erkenntnis treibt mich in die Arme Jesu. Weil ich eine Ahnung bekommen habe, wer Jesus Christus ist und warum er, um diese Macht zu brechen, in den Tod gehen musste. Wenn ich in den Spiegel der Selbsterkenntnis schaue und das Bild, das mir dann entgegenschaut, nicht gefällt, dann zerschlage ich nicht den Spiegel. Ich rufe dann nach Vergebung. Und ich erfahre: Wem viel vergeben ist, der liebt auch viel.«

Diese Einsicht hat viel bewirkt. Eckhard Schaefer hat die Bibel mit neuen Augen gelesen. Sie ist für ihn zu einem Liebesbrief Gottes geworden. In der Bibel hat er nicht mehr einzelne Vorschriften aus dem Zusammenhang zitiert und um diese Vorschriften dann einen Zaun gezogen, um sie unangreifbar zu machen. Er hat erfahren, dass der Buchstabe tötet, der Geist aber die Schrift lebendig macht. Und wenn andere Menschen das auch erfahren, so ist er davon überzeugt, dass sie dann Gemeinschaft mit Gleichgesinnten suchen. Sie wünschen sich, dass diese Erfahrungen frisch bleiben.

In der Rufer-Arbeit schlossen sich über 80 Mitarbeiter zu einer »Bruderschaft« zusammen. Sie gaben sich eine nach biblischen Gesichtspunkten ausgerichtete Ordnung. Dazu gehörte, den Tag in der Stille vor Gott zu beginnen, täglich die Bibel zu lesen, sich wöchentlich in einer Gebetspartnerschaft auszutauschen und bei Evangelisationen und auf Tagungen für geistliches Wachstum mitzuarbeiten.

7. Das Theologiestudium in Hamburg

Die Mitarbeit in der Rufer-Arbeit war für Eckhard Schaefer folgenreich. Wilhard Becker fragte ihn, ob er nicht ein weiteres Jahr in der Jahresmannschaft mitarbeiten könne. Er sagte gerne zu. In dieser Zeit beschäftigte ihn auch sehr die Frage, ob er nicht zum Studium an das Theologische Seminar gehen sollte. In seiner Heimatgemeinde und bei evangelistischen Einsätzen wurde er ebenfalls von anderen darauf angesprochen. Seine Heimatgemeinde war bereit, eine entsprechende Empfehlung abzugeben. Dies war neben der persönlichen Berufungsgewissheit eine Aufnahmevoraussetzung am Theologischen Seminar in Hamburg. Auch mussten zu dieser Zeit Studienbewerber auf einem Fragebogen neben persönlichen Angaben die Frage beantworten, ob sie schon Menschen zu Jesus geführt hatten.

Eckhard Schaefer arbeitete also ein weiteres Jahr auf Taschengeldbasis bei den Rufern mit. Er erhielt jeden Monat 30 Mark. Das reichte zwar, bedeutete aber auch, dass er für die Ausbildung in Hamburg nichts zurücklegen konnte. Seine Mutter, die grundsätzlich ein Ja zu seiner Zukunft als Prediger hatte, machte ihn darauf aufmerksam, dass sie ihn nur in einem sehr begrenzten Umfang würde unterstützen können. Doch das störte ihn nicht. Denn sein Lebensmotto war: »Trachtet zuerst nach dem Reich Gottes und nach seiner Gerechtigkeit, so wird euch das alles zufallen« (Matthäus 6,33). Darauf berief er sich. Das lebte er. Dass er damit auf andere »wie ein Oberlehrer« wirkte, wie er heute durchaus einräumt, war ihm damals weder bewusst noch erlebte er als eine Anfechtung. Er lebte für die Ausbreitung des Reiches Gottes. Da kannte er keine Kompromisse.

Die Sache mit dem Hundertmarkschein

Kurz vor Beginn der Ausbildung am Theologischen Seminar hatte er ein echtes Problem: Ihm fehlten 100 Mark. Dieser Betrag wurde zum Studienbeginn als Einschreibgebühr erwartet. Auf einer Tagung, acht Tage bevor er in Hamburg sein Studium aufnehmen würde, gab es ein Wunschliedersingen. Neben ihm saß ein älterer Tagungsteilnehmer, der ihm sein Liederbuch rüberreichte. Er sagte: »489.« Eckhard Schaefer gab den Wunsch für diesen Mann weiter. Und dann merkte er, dass unter der Nummer 489 ein Hundertmarkschein lag. Wer ihn heute nach Gebetserhörungen fragt, dem könnte er aus dieser Zeit eine ganze Menge ähnlicher Erfahrungen erzählen. Auch schon zuvor hatte er ähnliche Erlebnisse gemacht: Als er noch im Internat war, gab es ein Freizeiterinnerungstreffen seiner früheren Jugendgruppe aus Harburg. Die Gruppe hatte auch ihn dazu eingeladen. Er hatte Gott gebeten, dass ihm jemand eine Fahrkarte nach Harburg schenken würde. Doch bis zum Freitag war nichts passiert, und seine Glaubenszuversicht wurde auf eine Probe gestellt. Bei Georg Müller, dem Begründer der Brüderbewegung, hatte er in einem Lebensbild gelesen, dass Gott oft erst in letzter Minute eingreift. Also ging er voller Glauben zum Bahnhof und stellte sich in die Schlange vor dem Fahrkartenschalter. Er war sich sicher: Jetzt passiert das Wunder. Als er schließlich dran war, hat er wohl ziemlich merkwürdig geguckt. Mehrfach fragte ihn der Schalterbeamte, was er denn nun wollte. Doch er überhörte diese Frage gleich mehrfach. Er ging schließlich weg – ohne Fahrkarte. Er war tief enttäuscht und ratlos. Was sollte er nun tun? Er musste noch einen Tag warten. Damals hatten die Schüler noch am Samstag Unterricht. Und tatsächlich passierte dann doch etwas gänzlich Unerwartetes. Während der Musikstunde kam die Sekretärin des Schuldirektors in den Unterricht. Sie brachte einen Eilbrief. Er war an Eckhard Schaefer adressiert. Der Brief kam vom US-Konsulat aus Hamburg. Eckhard Schaefer hatte sich viele Monate zuvor an einem Wettbewerb des Konsulates beteiligt. In dem Brief stand nun, dass man ihn zu einem Treffen – schon am nächsten Montag – im Konsulat erwarten würde. Als Anlage gab es einen Freifahrtsschein 1. Klasse. Somit konnte er am Samstagabend doch noch nach Hamburg fahren – und das sogar 1. Klasse. Es war eine erhoffte und dennoch in dieser Art natürlich nicht erwartete Gebetserhörung.

Auch während des Studiums machte er ähnliche Erfahrungen mit Gott. Viele seiner Mitstudenten arbeiteten in den Semesterferien. Im letzten Jahr in Hamburg hatte er sich daher vorgenommen, ebenfalls zu arbeiten. Allerdings gab es für ihn dabei eine sehr wichtige Einschränkung. Die Arbeit im Reich Gottes sollte unbedingt Vorfahrt haben. Er wollte deshalb für seinen Semesterferienjob keinen evangelistischen Dienst opfern. Und genau so kam es. Er wurde tatsächlich zu einem Gemeindedienst eingeladen. Der lag zeitlich allerdings so unglücklich, dass er weder vorher noch nachher hätte arbeiten können. Dabei brauchte er dringend Geld, um sich ein Bücherregal und ein Bett kaufen zu können. Er machte also den Dienst in der Gemeinde, wie er es sich vorgenommen hatte. Der Dienst war offensichtlich von Gott gesegnet, denn einige Besucher kamen zum Glauben an Jesus Christus. Es gab einen bewegenden Abschluss – gestaltet als »Sing- und Pray-Abend«. Allerdings wurde sein Glaube zusätzlich noch einmal auf eine Bewährungsprobe gestellt, denn die Gemeinde hatte vergessen, ihm das Fahrgeld zu erstatten. Er war zu zurückhaltend, um danach zu fragen. Doch in ihm rumorte es. Er hatte gleich doppelt verloren. Die Evangelisation hatte es nicht zugelassen, dass er Geld hätte verdienen können. Und obendrein hatte er durch den Gemeindedienst auch noch finanziell draufgelegt. »Das hast du nun davon«, dachte er. Heute meint er: »Es war ein Moment der Anfechtung.« Doch kurze Zeit später erhielt er einen Brief von einem Mitstudenten. Darin stand: »Lieber Eckhard. Mir hat jemand 1000 DM geschenkt – mit der Auflage, diese Summe mit jemandem zu teilen. Da bist Du mir eingefallen. Ich schreibe Dir das jetzt schon, um Dir eine Freude zu bereiten.« Nach dem Lesen des Briefes fühlte sich Eckhard Schaefer tief beschämt. 500 DM waren damals sehr viel Geld. So viel hätte er in etwa durch seine Arbeit in der Fabrik verdient.

Reifer und unreifer Glaube

Eines ist ihm in dem Zusammenhang wichtig geworden: Gebetserfahrungen und Ermutigungen Gottes dieser Art stehen häufig am Anfang eines geistlichen Weges, weil man da immer wieder im Glauben angefochten ist. Dann kann man sich an solche Erfahrungen klammern. Doch je mehr man im Glauben wächst, desto mehr ändert sich diese Haltung. Der Prediger meint heute: »Wir sollen Gott, den Geber aller guten Gaben, mehr lieben als die Gaben, die er gibt.« Er muss sich das immer wieder selber in Erinnerung rufen. Dabei hilft ihm eine Geschichte, die er gerne erzählt:

»Ein reicher Kauz, ein bekannter Firmeninhaber, hat eine hübsche Tochter. Ein junger Mann verliebt sich in sie. Er muss, wie es früher Sitte war, in der Familie einen Antrittsbesuch machen und offiziell um die Hand der Tochter anhalten. Er hat sich vorher einen schönen Spruch zurechtgelegt. Und als er dann vor dem zukünftigen Schwiegervater steht, sagt er: ›Als ich zum ersten Mal Ihre Tochter sah, war ein eigentümlicher Zug um mein Herz.‹ Weiter kommt er nicht. ›Personenzug oder Güterzug?‹, unterbricht ihn der alte Herr – und bringt den jungen Mann damit völlig aus der Fassung.« Was der Pastor deutlich machen will: Diese Gotteserfahrungen, dass Gott unmittelbar für Kleidung, Nahrung, Fahrkarten und Geld zuständig ist, sind sichtbare Zeichen eines gütigen Vaters, der sich im Sichtbaren zu erkennen gibt. Reifer Glaube liebt Gott nicht wegen seiner Gaben, sondern als Person. Es geht also um einen »Personenzug« und nicht um einen »Güterzug«: Gott will um seiner selbst willen geliebt werden, nicht um all der Dinge willen, die er zu schenken vermag.

Ein weiteres Beispiel dazu aus Eckhard Schaefers späterer Arbeit: Ein junger Mann kam in die Teestube in Hannover. Von dieser wird später noch ausführlich die Rede sein. Er sagte recht unvermittelt, er wolle glauben lernen. Der damals noch junge Pastor hat ihm den Weg zu Jesus erklärt. Der junge Mann erzählte ihm ausführlich aus seinem Leben. Er hatte immer wieder seine Arbeitsstelle verloren, weil er morgens nicht rechtzeitig aus dem Bett kam. Und nun war er in der christlichen Teestube gelandet. Die beiden beteten miteinander. Und der junge Mann gab im Gebet sein Leben und damit auch seine Zukunft bewusst an Jesus Christus ab. Genau an dem Abend kam ein Mädchen in die Teestube. Sie hatte einen Koffer dabei. Darin war die fast neue Garderobe ihres Bruders. Der benötigte diese Sachen nicht mehr, sagte sie. Sie wollte wissen, ob man in der Teestube die Sachen nicht gebrauchen könne. Bei der Kleidung war ein Anzug dabei, der dem jungen Mann fast wie ein Maßanzug passte. Er nahm ihn. Und Eckhard Schaefer überlegte weiter, wie man den jungen Mann aus seiner offenkundigen Misere herausführen könne. Er konnte für einige Tage vorläufig in der Teestube übernachten. Das war kein Problem. In der Nähe wohnte ein zur Gemeinde gehörender Maurer, der sowieso morgens früh rausmusste. Den besuchte der Pastor und wollte ihm einen Schlüssel für die Teestube geben, damit er den jungen Mann morgens rechtzeitig wecken konnte. Dieser Maurer sagte nun: »Nimm den Schlüssel mit. Ich hol ihn abends ab, das ist ein Grund, einmal eure Teestube kennenzulernen.« In der Zwischenzeit aber bekam der Mann Besuch von einem Verwandten. Erst gegen 22 Uhr erinnerte er sich an das dem Pastor gegebene Versprechen, noch den Schlüssel in der Teestube abzuholen. Sein Besuch kam gleich mit, weil er von der Teestube auch schon viel gehört, aber sie noch nie gesehen hatte. Beide trafen dort natürlich auf den jungen Mann. Und sie unterhielten sich mit ihm. Auf die Frage, was er bisher beruflich gemacht hatte, berichtete er ehrlich von seinem Gefängnisaufenthalt, aber auch davon, dass er hinter Gittern in einer Tischlerei gearbeitet habe. Daraufhin meinte der Gast des Maurers: »Ich gebe dir eine Chance.« Wie sich herausstellte, war er Tischlermeister. Und er erklärte dem ehemaligen Gefängnisinsassen, dass er auf dem Weg in die Werkstatt morgens sowieso an der Teestube vorbeikomme. Dabei erklärte er sich bereit, den jungen Mann dort abzuholen. Gegenüber dem Pastor zeigte sich der frisch bekehrte junge Mann sehr begeistert: »Das fängt ja gut an. Kaum ist man Christ, kriegt man einen Anzug geschenkt, und der Meister holt einen selbst zur Arbeit ab.« Eckhard Schaefer hat ihn damals wohl mahnend angeguckt: »Junge, sieh das bitte als ein besonderes Geschenk Gottes an. Den zweiten Anzug musst du dir selber verdienen.«

8. Persönliche Erfahrungen mit der Bibel

Die Zeit bei den Rufern hat auch das Studium von Eckhard Schaefer geprägt. Das hieß für ihn: früh raus aus den Federn. Die Stille Zeit am Morgen, das Lesen in der Bibel und das Gebet waren ihm wichtig. Mit einigen Mitstudenten aus der Rufer-Arbeit traf er sich jeden Morgen um sechs Uhr. Er war davon überzeugt: Ein Orchester muss vor dem Konzert auf den Kammerton gestimmt werden. Es war nicht vorstellbar, dass die Musiker erst nach dem Konzert ihre Instrumente stimmten. Übertragen auf das Leben als Christ hieß das für ihn: Er konnte seine Stille Zeit nicht abends machen, sondern er brauchte sie am Morgen – zur Einstimmung in den Tag.

Als er selbst Kinder hatte, wurde ihm klar: Man kann nicht nur Kinder in die Welt setzen, man muss sich auch um sie kümmern und sie ernähren. Übertragen auf die Nachfolge im Reich Gottes bedeutet diese Erkenntnis: Es reicht nicht aus, nur Leute in die Nachfolge Jesu Christi zu rufen. Sie hätten dann nämlich nur ein spärliches Gottvertrauen im Herzen. Das war auch eine Herausforderung für die Rufer. Sie gaben deshalb zwei kleine Hefte heraus. Es gab darin eine Anleitung, in 30 Tagen das Lukasevangelium und den Johannesbrief zu lesen. Das, was die Mitarbeiter damals aufgeschrieben hatten, ist für den Pastor bis heute ein wichtiges Gerüst beim persönlichen Bibelstudium – allerdings etwas modifiziert und differenziert. Beim Bibellesen ist zu fragen: Was sagt der Text über Gott, was liest man über den Menschen, und wozu wird man angeleitet, um den Willen Gottes praktisch zu tun? Die Bibel ist für ihn bis heute das große Buch von einem großen Gott und das große Buch vom kleinen Menschen, der fragt, sucht, findet, ablehnt, klagt, lobt, hofft, zweifelt.

»Brautbriefe großer Deutscher«

In einem Antiquariat hatte Eckhard Schaefer sich damals für eine Mark ein Buch gekauft: »Brautbriefe großer Deutscher«. Darin sind Briefe von Robert Schumann, Goethe und Schiller abgedruckt. Bei einer Feier las er zur Erheiterung einiger Mitstudenten aus diesem

Buch vor. Es war fast eine Kabarettveranstaltung. Diese barocke Sprache – sie entsprach schon damals nicht der Zeit. Irgendwann verlor er das Interesse an dem Buch. Doch als er dann zwei Jahre später frisch verliebt war und selber Briefe an seine Verlobte schrieb, da fiel ihm etwas auf. Er holte dieses Buch wieder aus der Versenkung hervor und las die alten Texte mit neuen Augen. Heute erzählt er davon: »Als ich dieselbe Erfahrung machte, von der in diesem Buch berichtet wurde, hatte ich einen neuen Zugang zu den Texten. Ich habe daraus nicht abgeschrieben, aber ich musste auch über die barocken Schnörkel nicht mehr lachen.« Parallele Erfahrungen kann man beim Bibellesen machen. Viele Texte berichten Geschehnisse aus einer anderen Zeit in einer uns nicht immer gemäßen Sprache. Wer aber dieselben geistlichen Erfahrungen macht wie die Verfasser biblischer Schriften, der findet auch einen Zugang zur Bibel. Sie ist für Eckhard Schaefer ein lebendiges Buch. Beim Bibellesen merkt er: »Der Herr, der in mir lebt und in mir ein gutes Werk des Glaubens angefangen hat, ist derselbe Herr, der früher durch die Propheten gesprochen hat und der in seinen Jüngern und Mitarbeitern in neutestamentlichen Gemeinden lebt.«

9. Freiversammlungen

Während des Studiums hat Eckhard Schaefer am Sonntagmorgen meistens in der Gemeinde Elmshorn gepredigt. Nach dem Dienst fuhr er mit der S-Bahn zurück nach Hamburg. Eines Tages fiel ihm vor dem Hauptbahnhof eine große Menschenmenge auf, die interessiert einem Redner zuhörte. Wie sich herausstellte, handelte es sich um Wolfgang Dyck. Elf Jahre seines Lebens hatte er im Gefängnis verbracht. Durch den Kontakt zur Heilsarmee war er in Stuttgart Christ geworden. Aus dem ehemaligen Knastbruder war ein leidenschaftlicher Rufer für Jesus Christus geworden, der in Kneipen, im Gefängnis und auf der Straße die Botschaft von Jesus Christus verkündigte. Und da standen Eckhard Schaefer und mit ihm einige Studenten als angehende Theologen mitten unter den Zuhörern. Sie waren begeistert von seiner Art, über Jesus Christus zu sprechen. Abends auf der Studentenbude sprach er mit seinem Mitstudenten Wolfgang Lorenz über Wolfgang Dyck. Dieser ehemalige Kriminelle war erst seit kurzer Zeit Christ, und dennoch predigte er mit Vollmacht, so ihr Eindruck. Er selbst und Wolfgang Lorenz waren dagegen schon lange Christen und wollten sogar hauptberuflich Verkündiger des Evangeliums werden. Das war nun eine echte Herausforderung. Wie sollten sie ihr begegnen? Die beiden beschlossen, Wolfgang Dyck einfach ans Theologische Seminar einzuladen, um von ihm zu lernen. Tatsächlich besuchte er sie dort. Und tatsächlich konnte er ihnen wichtige Impulse für Straßenversammlungen geben. Denn wenig später begannen auch einige Studenten am Eingang des Parks »Planten un Blomen« Straßenversammlungen zu halten. Wolfgang Lorenz, Gotthard Pohl, Harry Dörr und Siegfried Krüger waren mit dabei. Das war damals – 1961 – wirklich ungewöhnlich. Auf den Straßen ging es eher ruhig und gesittet zu. Die Gruppe startete meist gegen 19 Uhr, und oft dauerten diese Versammlungen bis nach Mitternacht. Spannend wurde es immer dann, wenn die Zuschauer anfingen, dazwischenzurufen. »Das sind doch die letzten Himmelskomiker«, hieß es beispielsweise. Auf solche Einwürfe reagierten die jungen Baptisten sofort und versuchten möglichst schlagfertige Antworten zu geben.

An einem Abend fiel Eckhard Schaefer ein junger Mann auf, der in einiger Entfernung saß und zuhörte. Er blieb ungefähr vier Stunden, fast bis Mitternacht. Als er ging, lief Eckhard Schaefer ihm nach: »Du hast so interessiert zugehört. Interessiert dich das?« Der junge Mann sagte Ja. Er würde gerne glauben, doch er sei »so kaputt«. Der angehende Pastor gab ihm daraufhin sein Neues Testament und riet ihm, darin zu lesen: »Wenn man glauben will, muss man darin lesen.« So sein praktischer Tipp. Und dann empfahl er ihm, am nächsten Sonntag wiederzukommen. Dann könne man gleich zu Beginn der Freiversammlung über das Gelesene miteinander sprechen. Natürlich war er gespannt, ob dieser junge Mann am nächsten Sonntag wieder da sein würde. Doch er kam nicht. Aber am übernächsten Sonntag war er wieder da. Warum er die Woche zuvor nicht da gewesen sei, wollte er von ihm wissen. Seine Antwort war eine Überraschung: »Ich hatte das Buch, das Sie mir geliehen haben, noch nicht ganz durch.« Und dann erzählte er aus seinem Leben. An dem Sonntag, an dem er Schaefer zum ersten Mal aufgefallen war, war er gerade aus der Untersuchungshaft gekommen. Kurz vor seiner Entlassung hatte er sich zusammen mit anderen Häftlingen Gedanken um die Zukunft gemacht. Dabei war auch die Frage des Glaubens angeschnitten worden. Was es damit auf sich hat, konnte jedoch niemand beantworten. Und so hatte er viele Fragen. Schaefer beantwortete ihm diese Fragen, so gut er es konnte. Er sprach davon, dass Glauben im Grunde heißt, sich Gott »anzugeloben« oder sich mit ihm »zu verloben«: »Da gibt es jemanden, der um dich wirbt. Du kannst Ja oder Nein sagen. Du kannst seine Worte prüfen, aber du musst dann Stellung beziehen. Ja oder nein. So wirbt Gott um dich. Er hat dir seine Hand ausgestreckt.« Der junge Mann hatte weitere Fragen, unter anderem zur Jungfrauengeburt. Doch da winkte der andere ab und sagte ihm, dass diese Frage derzeit für ihn noch nicht so wichtig sei. Die beiden machten einen Spaziergang, und Eckhard Schaefer betete mit dem jungen Mann: »Herr, da ist jemand, der möchte glauben lernen.« Und während er seine Worte laut an Gott richtete, sagte der junge Mann plötzlich »Amen«. Als er ihn erstaunt ansah, sagte der ehemalige Häftling: »Ich habe das gerade erlebt, worum du da gebetet hast, und deshalb dachte ich, du kannst jetzt aufhören.« Schaefer erklärte ihm dann noch, dass dieser Glaube ein Geschenk sei. Und für ein Geschenk sagt man Danke. Daraufhin betete der junge Mann Worte, an die sich der Pastor bis heute erinnert: »Herr Jesus Christus, am liebsten würde ich dich jetzt umarmen.« Dass sich jemand so spontan auf der Straße Jesus Christus zuwandte, gehörte auch bei ihm zu den eher seltenen Erfahrungen.

Ein anderer Gedanke ist ihm seit jener Zeit wichtig geworden: Wenn er Jugendpastor wäre, wollte er gemeinsam mit seiner Gemeinde ähnliche Einsätze auf der Straße machen. Und darüber hinaus wollte er für junge Leute einen Begegnungsort schaffen – eine Teestube –, damit man auf der Straße nicht nur predigt, sondern hinterher auch einen Platz hat, um miteinander zu reden und gegebenenfalls auch miteinander zu beten.

Nachhilfe auf der Bettcouch

Pastor Dr. Wolfgang Lorenz war Studienkollege von Eckhard Schaefer. Später haben sich die Lebenswege von beiden immer wieder gekreuzt. Er erinnert sich: »Eckhard Schaefer und ich hatten 1959 in Hamburg am Theologischen Seminar mit dem Studium begonnen. Vorher waren wir uns in der Rufer-Arbeit begegnet. Eine Begebenheit während des Studiums ist mir noch in guter Erinnerung: Eckhard Schaefer kommt in meine Studierstube nach dem Mittagessen und sagt: ›Erzähl mir, was wir morgen in der Klausur bei Dr. Willi Grün wissen müssen.‹ Er legt sich auf die Bettcouch, schließt die Augen und ich versuche, den ganzen Stoff, den ich mir eingeprägt habe, zu rezitieren. Zwischendurch sehe ich immer zur Couch rüber. Ob er wohl schläft? Die Augen bleiben zu. Nach einer guten halben Stunde ist mein Vortrag beendet. Eckhard bedankt sich und sagt: ›Bis morgen.‹ Das Ergebnis der Klausur: Eckhard schreibt ›sehr gut‹, ich ›gut‹. Nicht erst damals wusste ich um die hohe Intelligenz und die Cleverness meines Mitstudenten. Schon im Theologischen Seminar waren wir gemeinsam im Geschirr als Sprecher der Seminaristen, damals Senioren genannt. Miteinander waren wir unterwegs zu den Menschen.«

Konservative Verkündigung im zeitgemäßen Gewand

Ein weiterer Studienkollege von Eckhard Schaefer war Siegfried Krüger. Auch für ihn waren die gemeinsamen Freiversammlungen parallel zu einem kopflastigen Theologiestudium eine wertvolle Erfahrung. Er erinnert sich: »Es war ein warmer, sonniger Sonntagnachmittag 1961 am Bahnhof Hamburg-Dammtor. Eine kleine Gruppe von Studenten singt ein Lied: ›Jesus Christus gibt dem Leben Sinn, vorbei sind die Träume, da eilten wir dahin, da, wo die Not zum Himmel schreit, wo statt der Liebe Hass und Streit, wo jeder nur an sich selber denkt, gibt's doch ein Herz, das sich verschenkt.‹ Das Lied soll neugierig machen, aber auch provozieren. Als die letzte Strophe verklungen ist, löst sich Eckhard Schaefer, 4. Semester Theologie, aus der Gruppe, steigt auf eine kleine Kiste und wendet sich den Leuten zu. Nicht alle scheinen dem zustimmen zu wollen, was sie gerade im Lied gehört haben. Er redet zu ihnen dynamisch und eindrucksvoll, wenn er zu ihnen von Gott und der Welt spricht. Er spricht frei, ohne Konzept. Er nimmt kein Blatt vor den Mund. Er will zur Diskussion herausfordern. Er erzählt von dem Einen, der allein dazu in der Lage ist, dem Menschen den wahren Sinn des Lebens zu geben, Jesus Christus. Eckhard Schaefer fürchtet nicht durch Fragen unterbrochen zu werden. Das Gegenteil ist der Fall, denn Fragen regen ihn in seiner Spontaneität an.

Zu ersten Kontakten zwischen ihm und mir kam es im Herbst 1959. Wir begannen damals mit 20 weiteren jungen Männern unser Theologiestudium in Hamburg-Horn. Daraus entwickelte sich eine enge brüderliche und freundschaftliche Beziehung, die bis heute anhält. Eckhard Schaefer hat nicht nur meine Frau und mich 1963 in Hannover getraut, er hat uns auch auf unseren Wunsch nach fast 39 Jahren Gemeindedienst in den aktiven Ruhestand verabschiedet.

Über eine längere Zeit hinweg war er auch mein Seelsorger. Ich konnte zu ihm gehen, offen reden, Dinge aussprechen oder bekennen, die mir Not bereiteten. Das Vertrauen war einfach da. In solchen Situationen hörte er zu, manchmal stellte er Fragen und versuchte, vorsichtig zu antworten. Aber es ging ihm stets darum, ein Ermutiger zu sein. Wichtig war ihm, Gottes Wort als Zuspruch in die jeweilige Situation hineinzusprechen und die Anliegen Gott im Gebet zu bringen. Das Ergebnis der Seelsorge waren Freude, Stärkung im Glauben und eine neue Ausrichtung auf Gott.

Während der gesamten Hamburger Zeit legte Eckhard Schaefer großen Wert darauf, geistliches Leben und Studium miteinander in Einklang zu bringen. Tief in seinem Innersten brannte er für Menschen, die Jesus noch nicht kannten. Auch wenn vonseiten der Leitung des Seminars immer wieder betont wurde, dass unsere ganze Zeit und Kraft vornehmlich dem Studium gewidmet sein sollten, blieb er seinem Vorsatz treu, Studium und missionarische Einsätze miteinander zu verbinden. Wir wussten, wie nötig wir das Theologiestudium als eine solide Ausbildung für unseren zukünftigen Dienst brauchten, dennoch wollte er nicht, dass die in ihm lodernde Flamme durch das Pauken von Griechischvokabeln, den Vorlesungen in Theologie oder Kirchengeschichte, den Katechesen und Exegesen zum Erliegen käme. Ich darf das für mich, aber ganz sicher auch für andere Seminaristen sagen, dass wir von seinem Engagement und seinem Erfahrungshorizont eine Menge gelernt haben.

Was war das eigentlich für eine Zeit, in der wir unser Theologiestudium absolvierten? Unsere Klasse war die erste, in der es jungen Männern aus den Gemeinden des Ostens durch das DDR-Regime untersagt worden war, gemeinsam mit uns im Westen zu studieren. 1961 wurde durch den Mauerbau der Zugang zum Osten endgültig dichtgemacht. Überall war in Richtung Ostblock der sogenannte ›Eiserne Vorhang‹ zu spüren. Es war nun gefährlich geworden, durch kleine Öffnungen, die es immer noch vereinzelt gab, in den Osten zu gelangen und den Kontakt mit den Geschwistern dort aufrecht zu halten. Eckhard Schaefer hat diese kleinen Öffnungen immer wieder gesucht und sich einem hohen Risiko ausgesetzt, wenn er Bücher oder technische Geräte schmuggelte.

Einmal saßen wir in meinem Zimmer im Internatsgebäude des Seminars bei einer Tasse Tee. Das Gespräch drehte sich um unsere zukünftige Rolle. Ich sehe ihn noch vor mir, wie er nachdenklich, aber sehr bestimmt seine Position in etwa so beschrieb: ›Ich möchte den Glauben an das Evangelium von Jesus Christus als den Sohn Gottes fest in mir bewahren. Ich will die ganze Wahrheit der Heiligen Schrift verkündigen, die Jesus Christus als den Gekreuzigten und Auferstandenen zum Mittelpunkt hat.‹ Vielleicht beschreiben aber auch die drei reformatorischen Grundsätze seine persönliche theologische Position: Allein der Glaube, allein die Gnade, allein die Schrift. Das ist das, was ihm wichtig ist. Aber wenn es um die Frage geht, wie wir diese Botschaft weitersagen, wie wir Gemeinde bauen und unseren Auftrag in praktisches Tun umsetzen, dann wollte er sehr zeitgemäß sein. Diese Haltung bestimmte auch später seinen ganzen Dienst. Das Suchen nach Antworten zwischen biblischer Verkündigung und zeitgemäßen Formen war Ausdruck dafür, wie er seinen Dienst verstand.

Ich erinnere mich, dass sich Eckhard Schaefer intensiv mit den Vätern der Christenheit beschäftigte. Er las immer wieder Bücher über Männer und Frauen, die Gott in der Geschichte gebraucht hatte. Durch ihren Glauben und ihre Liebe zu den Armen und Verlorenen fühlte er sich herausgefordert, wie diese Vorbilder neue Wege zu gehen. Darüber haben wir gemeinsam nachgedacht und eine Sehnsucht entwickelt, das später in unseren Diensten umzusetzen.«

10. Die Berufung zum Jugendpastor in Hannover

Nach dem Studium wurde Eckhard Schaefer nach Hannover berufen. Das war im Frühjahr 1963. Und wieder machte er eine wichtige, ihn prägende geistliche Erfahrung.

Die Gemeinde Hannover hatte ihn zu einem Gottesdienst eingeladen. Er sollte eine Predigt halten, damit alle Gemeindemitglieder ihn kennenlernen konnten. Natürlich hat er sich sorgfältig vorbereitet. Die Predigt hatte er Wort für Wort aufgeschrieben. Er meinte, sogar besonders gut vorbereitet zu sein. Um seinen theologischen Sachverstand zu untermauern, reicherte er seine Ausführungen mit zahlreichen Zitaten des damals wohl bekanntesten deutschen Theologen Helmut Thielicke an. Er kam sehr früh mit der Bahn in Hannover an. Weil er noch etwas Zeit hatte, ging er nicht gleich ins Gemeindezentrum, sondern zog sich in den Wartesaal im Bahnhof zurück, um die Predigt noch einmal zu lesen und sich einzuprägen. Es konnte ja nichts schaden, sich besonders gut vorzubereiten. Dann ging er gut gerüstet und zuversichtlich zum Gemeindehaus in die Walderseestraße. 20 Minuten vor dem Gottesdienstbeginn saß er mit den Ältesten der Gemeinde zusammen, um mit ihnen zu beten; der Organist kam in den Gebetsraum und fragte nach den Liedern. »Ich kann dir meinen Gottesdienstplan geben«, sagte Eckhard Schaefer ihm. Er fasste in seine Brusttasche – und griff ins Leere. Er hatte sein bestens vorbereitetes Predigtkonzept nicht dabei. Der Schreck fuhr ihm in die Glieder. Wo war es nur? Er musste es versehentlich neben sein Jackett gesteckt haben. Vermutlich lag es noch im Wartesaal. Was sollte er nun tun? Panisch reagieren? Die Ältesten waren ihm in dieser Lage eine große Hilfe, denn sie reagierten sehr einfühlsam. »Wir beten in der Stille«, sagten sie. »Und du kannst die verbleibenden 15 Minuten nutzen, um dich zu konzentrieren.« Da war Thielicke auf einmal ganz weit weg, doch der Bibeltext aus dem Neuen Testament ihm immer noch ganz nah. Er musste frei reden. Und das tat er dann auch. Auch ohne schriftliches Konzept wurde er schließlich in den Gemeindedienst als Jugendpastor berufen.

Eine weitere ganz ähnliche Erfahrung hat er später bei der Bundeskonferenz 1980 in Lübeck gemacht. Zum ersten Mal sollte er als Pastor auf einer Bundeskonferenz predigen. Selbstverständlich hatte er sich wiederum gründlich vorbereitet. Als er abends im Hotel seinen Text noch einmal durchlesen wollte, um ihn sich besser einprägen zu können, da gefielen ihm einige Passagen nicht mehr so gut. Die Übergänge hatte er nicht deutlich genug herausgearbeitet. Manche Aussagen fand er zu abstrakt, sie waren nicht durch Erfahrungen oder Beispiele unterlegt. Er hatte kein Konzeptpapier dabei, um den Text neu zu verfassen. Deshalb »redigierte« er ihn mit der Schere. Er schnitt einzelne Passagen heraus, um sie an anderen Stellen neu zusammenzufügen. Die einzelnen Textblöcke klebte er auf und trug die neuen Übergänge handschriftlich ein. Er schlief ganz zuversichtlich ein. Am nächsten Morgen auf der Kanzel passierte es dann: Als er die erste Seite umblättern wollte, gab es keine weiteren Seiten mehr! Alle übrigen Seiten waren zu einem einzigen dicken Blatt zusammengeklebt. Er musste also wieder weiter frei sprechen. Auch das glückte. Spätestens seit diesem Zeitpunkt sagt Eckhard Schaefer sich selbst und seinen Kollegen: »Die Leute wollen beim Predigen deine Augen und nicht deinen Scheitel sehen.«

Mit Löwen herumschlagen

Nicht nur das Erlebnis mit dem Predigtmanuskript machte den Start in Hannover unvergesslich, auch sein Ordinationsgottesdienst ist dem Pastor deutlich in Erinnerung geblieben. Zur Ordination hatte er den Direktor des Theologischen Seminars, Dr. Hans Luckey, eingeladen, der für ihn eine Vertrauensperson war. Dr. Luckey hatte bereits als junger Dozent seinen Vater unterrichtet.

Von der Milde des Alters, die jetzt gelegentlich bei Eckhard Schaefer durchleuchtet, war in seinen jungen Jahren nicht so viel zu spüren. Als Studentensprecher im Seminar hatte er gelegentlich einige streitbare Auseinandersetzungen mit dem Seminardirektor gehabt. Das hatte aber ihre persönliche Beziehung nicht getrübt. Bei der theologischen Abschlussprüfung war es allerdings zu einer kleinen Kontroverse gekommen. Er fühlte sich von Dr. Luckey zu Unrecht gemaßregelt.

Er ging deshalb zu seinem Direktor und erklärte ihm: »Zwischen uns steht etwas. Deshalb lade ich Sie zu meiner Ordination aus.« Zwei Stunden später hat diese von allen sehr geachtete Persönlichkeit Eckhard Schaefer signalisiert, dass er in der Tat eine Fehleinschätzung hatte. Daraufhin wurde die Einladung zur Ordination wieder erneuert. Einen Satz aus der Ordinationspredigt hat der Prediger bis heute nicht vergessen. Der Seminarleiter knüpfte an dem Namen »Schaefer« an und erzählte von den Aufgaben eines Hirten im Orient, der sich mit Löwen herumzuschlagen hatte, aber auch nach Jesaja die Lämmer an seinem Busen zu tragen hatte. Dann guckte er väterlich verschmitzt in die Gemeinde und sagte: »Liebe Gemeinde. Ihr bekommt einen jungen Pastor als Hirten. Schlagen kann er sich schon, tragen muss er bei euch noch lernen.«

Auftakt immer ohne Wohnung

In Hannover war Eckhard Schaefer zunächst als Jugendpastor der Gemeinde Hannover-Walderseestraße tätig. In der Gemeinde gab es vier weitere Kollegen. Es war also eine große Gemeinde. Jedes Jahr feierte die Gemeinde mehr als 50 Taufen. Die Anfangsphasen seines Dienstes – nicht nur in Hannover, sondern auch in allen anderen Städten, die noch folgen sollten – waren immer davon geprägt, dass er keine Wohnung hatte. Im Nachhinein entpuppte sich das als ein Vorzug für den Dienst. Warum?

Damals war es üblich, dass frischgebackene Pastoren erst nach dem Examen heirateten. Eine Eheschließung vor oder während des Studiums war unvorstellbar. Eckhard Schaefer war also als Jugendpastor nach Hannover berufen worden. 1963 herrschte auf dem Wohnungsmarkt große Knappheit. Eine Wohnung konnte erst sechs Monate später gefunden werden. Deshalb konnte er auch erst ein halbes Jahr später seine Verlobte Christa heiraten. Bis es so weit war, bot ihm sein Kollege Arnold Hopf an, in sein Arbeitszimmer zu ziehen. Für seinen beruflichen Start war diese Situation nicht schlecht, denn Jugendarbeit lebt durch Beziehungen. Er konnte ganz für die jungen Leute da sein – oft bis nach Mitternacht. Er konnte mit ihnen reden, und daraus entstanden wichtige persönliche Beziehungen. Zu den Jugendtreffen kamen bis zu 200 junge Leute. Der ehrenamtliche Mitarbeiterkreis zählte 38 Personen. Als der Pastor ein halbes Jahr später vor den Traualtar trat, war er in der Gemeinde schon stark verwurzelt.

Die Dienst- und Wohngemeinschaft bei Familie Hopf möchte er nicht missen. Er hatte Anschauungsunterricht, wie es in einem Pastorenhaushalt zugeht. Mit Arnold Hopf hat er gemeinsam über Bibeltexte nachgedacht und Predigten vorbereitet. Er hat damals Wichtiges für sein Leben gelernt. Und es bestätigt sich seine Grunderfahrung mit Gott: Verlegenheiten seiner Nachfolger sind Gottes Gelegenheiten.

Die richtige Frau finden

In der Zusammenarbeit mit dem etwa zehn Jahre älteren Pastorenkollegen erlebte Eckhard Schaefer einen Start, den er selbst als »geistliche Maßkonfektion« bezeichnet. Seinen Vater hatte er als Kind viel zu selten erlebt. Für seine Erziehung waren die Mutter und die Großmutter verantwortlich. Während seiner Teenager- und Jugendzeit hatte er keinen Anschauungsunterricht, wie Eltern zusammenleben, sich achten und lieben, streiten und versöhnen. Die Pastorenkollegen und ihre Familien waren deshalb für ihn sehr prägend. Er wünschte sich als Geschenk von Gott eine Lebenspartnerin, die mit ihm durch dick und dünn gehen würde. Eine alte Bauernregel aus der Nachkriegszeit fiel ihm ein: »Söch dien Braut im Stall und nicht auf'm Ball.« »Mir war klar, dass die Frau, mit der ich die Tage und Nächte, die Höhen und Tiefen leben werde, aus dem Mitarbeiterkreis der Jesusliebhaber kommen muss«, erinnert er sich. Bei der Partnerwahl musste er jedoch einige Hürden überwinden. Als 17-Jähriger hatte er gemeinsam mit einem Freund ein Versprechen abgelegt: »Vor dem 25. Lebensjahr wollen wir uns nicht binden.« Die Zeit bis dahin sollte in konsequenter Disziplin mit Lernen und ehrenamtlichen Einsätzen ausgefüllt sein. Er war deshalb immer darum bemüht, wenige Gefühle zu zeigen und immer sehr kontrolliert zu sein. Er meint heute, dass er in der Beziehung zu anderen Menschen und besonders zu Mädchen einen Schutzwall um sich aufgebaut hatte. Und das wurde noch dadurch verstärkt, dass er als Teenager wiederholt in Predigten gehört hatte: »Gott hat für dich einen besonderen Menschen ausgesucht, dem du immer angehören solltest, und die erste Frau, die einen Kuss bekommt, sollte deine spätere Ehefrau sein.« Solche Sätze hatten einen großen Krampf im Leben von Eckhard Schaefer zur Folge: »Wie kann man unter den vielen netten jungen Frauen die eine herausfinden, die schon vor Grundlegung der Welt für dich bestimmt ist?« Heute weiß er: »Die Eindeutigkeit in der ehelichen Beziehung ist nicht darin begründet, dass es nur einen für mich bestimmten Menschen gibt, zu dem ich ›Ja‹ sagen muss, sondern mein Ja zu einem Menschen begründet die Eindeutigkeit – bis dass der Tod uns scheidet.«

Unmittelbar nach seinem 25. Geburtstag fiel ihm eine Mitarbeiterin auf, die auf einer Silvestertagung fröhlich von ihrem Glauben an Jesus Christus erzählte. Er sorgte dafür, dass er bei den Mahlzeiten an ihrem Tisch sitzen konnte. Ihm imponierte, wie diese Frau sich sehr aufmerksam um andere Tagungsteilnehmer bemühte, und ihr ansteckendes Lachen öffnete sogar ein Tor in seinem Schutzwall. Er sprach mit dem Gemeindepastor dieser Mitarbeiterin über diese junge Frau. Der ließ so ganz nebenbei durchblicken, dass Christa Schneider eine gute Pastorenfrau »abgeben« könnte.

Drei Monate später kam Eckhard Schaefer bei einer Dienstreise per Bahn durch die Heimatstadt von Christa Schneider. Er rief vorher bei ihr an und erzählte, dass er auf der Durchreise sei und etwas Wichtiges mit ihr zu besprechen habe. Sie meinte, dass sie ihre Mittagspause ausnutzen und zum Bahnhof kommen könne. Für ihn war klar, dass hier Gott die Regie geführt hatte. Warum dann lange warten und zögern? Er gestand ihr auf dem Bahnhof seine Liebe und fragte, ob sie ihm nicht ein Foto von sich schicken könne. Er war dann doch etwas erstaunt, dass sie bereits ein Foto dabeihatte. Etwas verschämt bekannte sie, dass sie nicht erwartet hatte, dass er seine Bahnfahrt nur für ein Dienstgespräch unterbrechen würde. Sie hatte seit der Silvestertagung immer wieder an ihn gedacht und dabei gespürt, dass es eine Zuneigung auf Gegenseitigkeit geben könnte.

Als er das Foto von Christa seiner Mutter und Großmutter zeigte, freute er sich über deren Reaktionen: Sie waren begeistert von der zukünftigen hübschen Schwiegertochter. So begannen eine Zuneigung und Liebe, die jetzt bald 50 Jahre Spannung, Freude, Abenteuer und

Farbe in das Leben beider gebracht haben. Eckhard Schaefer erklärt: »Anregungen und Aufregungen, Last und Lust, Gewitterwolken und Sonnenschein, Tränen und Lachen, Entschuldigungen und das Versprechen, sich zu bessern, waren Wegbegleiter auf dieser langen Lebensreise.« Und dass Gott dieser Ehe drei Töchter anvertraut hat, ist für die Eltern Glück und Freude, aber auch Herausforderung und Aufgabe. Glaube kann man nicht vererben, die Berufswahl der Kinder auch nicht. Eine Tochter war mit ihrem Mann mehrere Jahre in Mali in der Außenmission. Jetzt sind sie im Gemeindedienst. Eine andere Tochter ist selbst Pastorin, ebenso der Schwiegersohn. Die dritte Tochter arbeitet ehrenamtlich in ihrer Gemeinde mit. »Nicht wegen uns, trotz uns«, betont er.

Wenig Platz in der ersten Wohnung

Nach ihrer Hochzeit bezogen Eckhard Schaefer und seine Frau Christa eine Wohnung, aber nicht allein. Die Gemeinde hatte eine Diakonisse als Gemeindeschwester berufen: Ruth Wittke. Mit ihr teilten sie sich die Wohnung. Die Schaefers hatten drei Zimmer, sie zwei. Die Diakonisse war sehr rücksichtsvoll und guckte auch Christa Schaefer nie in den Kochtopf. Pausenlos war sie im Einsatz. In der Wohnung wurde es jedoch bald noch enger. Zum einen wurde dem jungen Ehepaar die Tochter Barbara geboren, zum anderen hing das mit einem Missionseinsatz in Berlin zusammen. Dort lernte der Pastor einen Baptisten aus England kennen: Ivor Wilson. Er war als Missionar tätig. In Liverpool hatte er im Fernsehen gesehen, dass in Berlin die Flüchtlingslager mit Flüchtlingen aus der damaligen DDR überquollen. Ihnen wollte er helfen. So reiste er von Liverpool nach Berlin auf eigene Kosten. Seine Heimatgemeinde hatte ihn mit Bibeln ausgestattet, die er in Berlin verteilte. Dann kam der Mauerbau am 13. August 1961. Der Flüchtlingsstrom riss abrupt ab. Für Ivor Wilson gab es nicht mehr viel zu tun. Eckhard Schaefer lud ihn ein, mit ihm nach Hannover zu kommen und bei ihnen zu wohnen. Sein Arbeitszimmer stünde zur Verfügung und Aufgaben gäbe es in Hannover genug. Ivor Wilson half der Gemeinde in der neu entstandenen Teestubenarbeit. So hatten sie jemanden, der immer vor Ort war. Oft kamen 80 oder mehr Jugendliche in die Teestube – sechsmal in der Woche. Ein Jahr lang wohnte Ivor Wilson bei der jungen Familie im Arbeitszimmer, der fortan seine Predigten im Schlafzimmer vorbereitete. Dann konnte Ivor Wilson in ein Zimmer in der Rufer-Zentrale in Hannover ziehen. Später ging er nach Südafrika.

Was Eckhard Schaefer viel später – zu spät – erkannte und bedrückte: Für ihn waren persönliche Einschränkungen selbstverständlich. Schließlich muss das Reich Gottes Vorfahrt haben. Seine damals schwangere Frau, so bezeugt er heute, hat er mit seinen einsamen Entscheidungen oft überfordert. Er hat mit ihr auch über seine Pläne nicht im Vorfeld gesprochen.

Lieblingsessen: Königsberger Klopse

Auch als er 17 Jahre später nach Bremen wechselte, gab es zunächst keine Wohnung. Er war als Pastor in die Kreuzgemeinde in Bremen berufen worden. Seine Familie blieb noch sieben Monate in Hannover – diesmal aber in Absprache und nach gemeinsamem Gebet. Auch diese Zeit möchte er nicht missen. Eine sehr gastfreie Familie Buthmann aus Fischerhude nahm ihn auf. In diesen sieben ersten Monaten lernte er fast alle Gemeindemitglieder persönlich kennen. Zum Mittagessen, nachmittags zum Kaffee und auch abends war er immer in einer Familie Gast. Am Wochenende kam seine Frau nach Bremen. Für beide war das Wochenende ein intensives Programm. Die Mitglieder der Gemeindeleitung luden jeweils freitag- und samstagabends bis zu 25 Gemeindemitglieder aus ihrer Nachbarschaft zu einem Haustreffen ein, bei dem Erfahrungen mit Jesus Christus ausgetauscht wurden. So lernten die Schaefers die Gemeindemitglieder im familiären Rahmen kennen. Dieser intensive Besuchsdienst hatte noch weitere Folgen für den Prediger: Er nahm immer mehr an Gewicht zu. Irgendwie sprach es sich herum, dass er gerne Königsberger Klopse essen würde. Bei seiner Herkunft war das sicher keine allzu große Überraschung. Auf jeden Fall wurde ihm sein Lieblingsessen überraschend oft vorgesetzt.

Zwei Schreibtische in einem Büro

Etwa anders verlief sein Start als Bundesdirektor in Bad Homburg im Oktober 1988. Dort konnte kurzfristig zwar eine Wohnung besorgt werden, aber es gab für ihn kein Büro. Kurz entschlossen ließ sein Kollege Gerd Rudzio einen zweiten Schreibtisch in sein Büro bringen. Auch das war für Eckhard Schaefers Start hilfreich. Wenn er Besuch bekam, musste er mit den Gästen ins Sitzungszimmer ausweichen, um nicht zu stören. Erst als Bundesdirektor Manfred Otto krankheitsbedingt in den Vorruhestand ging, bekam er ein Zimmer und damit sein eigenes Büro. Diese Anfangsphase war jedoch wichtig und hilfreich für ihn. Er konnte Gerd Rudzio über die Schulter gucken; die beiden wurden zu einem schlagkräftigen Team zusammengeschweißt. Sie lernten, sich gegenseitig zu vertrauen.

11. Die Teestuben-Arbeit

Schon während des Studiums hatte Eckhard Schaefer in Hamburg Freiversammlungen durchgeführt. Diese wollte er in Hannover fortsetzen. Menschen, die Kontakte oder vertiefende Gespräche suchten, sollten eine Anlaufstelle haben. Und in eine normale Eckkneipe zu gehen, konnte er sich nicht vorstellen. Dort herrschte keine passende Atmosphäre, dort gab es nur Zigarettenrauch, laute Gespräche und Gegröle. Das war nun wirklich nicht der richtige Rahmen für geistliche Gespräche. So entstand damals in Hannover der Gedanke, eine Teestube einzurichten – als einen Ort, an dem man miteinander in angenehmer Atmosphäre Gespräche führen kann. Und das ist dann wohl auch so etwas wie die Geburtsstunde der ersten christlichen Teestube in Deutschland gewesen. 1964 gründeten die Hannoveraner Baptisten die »Katakombe«. Doch offene Jugendarbeit stand damals noch nicht auf der Tagesordnung der Baptistengemeinden – auch nicht in Hannover. Ein nicht mehr genutzter Laden sollte angemietet werden. Eckhard Schaefer wollte mit der neuen Arbeit die Gemeinde nicht überfordern. Deshalb trat die Gemeinde auch nicht als Mieter des Ladens auf, sondern der Pastor schloss einen privatrechtlichen Mietvertrag mit Unterstützung eines Mitarbeiters ab. In der Teestube sollten Leute erreicht werden, die schon lange keine Kirche mehr von innen gesehen hatten. Neben jungen Leuten aus bürgerlichen Familien waren das damals »Hippies« oder auch »Gammler«, wie die langhaarigen jungen Leute damals genannt wurden. Zwischen der Gemeindearbeit und der Teestubenarbeit waren Welten. Die Lebensanschauungen von baptistischen Kirchengängern und nicht an Gott glaubenden Hippies waren schwer in Einklang zu bringen. Eckhard Schaefer wurde sogar in der Zeitung öffentlich als »Gammler-Pastor« vorgestellt.

Das Angebot der Teestube stieß auf breite Resonanz. Bis zu 100 Besucher waren an jedem Abend anwesend. Der Tee wurde stilvoll serviert. Zugleich diente die Teestube als Galerie für künstlerisch ambitionierte Studenten, nicht nur für Christen. Ob Christ oder nicht – alle identifizierten sich damals stark mit der neuen Arbeit. Die Teestube war ihr Lebensumfeld. Gerne nutzten junge Künstler das Angebot, bei einer Vernissage ihre Bilder dem Publikum zu erläutern. Einige Besucher wurden durch die Arbeit Christen.

Dies alles führte auch dazu, dass die Baptisten in Hannover eine gute Presse hatten. Dazu ein Zeugnis aus dem als kleine Zeitschrift gestalteten Verteilblatt »Werfet die Netze aus« der Teestube Katakombe. Manfred Salzer, ein junger Teestubenbesucher, schreibt: »Eine Kirche hatte ich lange nicht mehr von innen gesehen, umso öfter aber Beatschuppen und Kinos. Ich trug immer Modekleidung nach dem neuesten Schrei. Wenn mich die Leute anstaunten, war das für mich eine Befriedigung. Zum Urlaub fuhr ich ins Ausland, um später in meiner Heimatstadt anzugeben. Anfang 1969 wollte ich von zu Hause weg und auf ein Schiff gehen. Ich habe Bäcker gelernt. Als Koch wollte ich anheuern. Jedem, der mich in dieser Zeit nach meinen Plänen fragte, sagte ich stolz: Ich werde zur See gehen. Auf dem Weg nach Hamburg wollte ich zunächst noch einige Zeit arbeiten. In Hannover machte ich Station. Hier fühlte ich mich frei. Keiner beaufsichtigte mich. Ich konnte tun und lassen, was ich wollte. Ich sah mir oft Sexfilme an, die einen so richtig scharf machten. Auf der einen Seite träumte ich von dem weiten Meer und der großen Freiheit. Auf der anderen Seite konnte ich an keinem Kino vorbeigehen. Da war ein großer Widerspruch in mir. An einem Samstag schrieb ich einen Brief. Gegen 22 Uhr ging ich noch zur Post. In einem Kino wollte ich anschließend noch eine Spätvorstellung sehen. Eine halbe Stunde war noch Zeit bis zum Filmbeginn. In der Nähe des Steintors, wo viele üble Filme laufen, sah ich eine Gruppe von Menschen stehen. Ich stellte mich dazu und hörte, wie junge Leute über Jesus Christus redeten. Da ich sprachgehemmt bin, hörte ich nur zu. Ich sah, wie die jungen Leute froh waren. Ich spürte, dass sie mehr vom Leben haben. Als der Film anfangen sollte, wollte ich gehen. Doch es war mir, als wenn ich angenagelt war. Das Gespräch über Jesus Christus fesselte mich. Als einer der Diskussionsteilnehmer über Gott und die Kirche schimpfte, dachte ich: So geht das auch nicht. Ich blieb dabei und verzichtete auf den Film. Zum Schluss bekam ich eine Einladung in die Teestube. Am nächsten Abend ging ich hin. Bei einer Tasse Tee unterhielt ich mich mit jemandem aus dem Mitarbeiterkreis. Wir sprachen wieder über Jesus Christus. Ich fühlte mich wohl in der Teestube. Jetzt wusste ich, dass ich in der großen Stadt nicht mehr allein war. Ich hatte auch das Gefühl, dass Jesus Christus wirklich da ist. Aber beten konnte ich noch nicht. Wenn die anderen beteten, musste ich an die Sexfilme denken und an zu Hause. Je mehr ich an Jesus dachte, umso unruhiger wurde ich. Sogar die Brötchen gerieten nicht mehr. Ich wusste, dass ich die ganze Unruhe und Schuld Jesus Christus bringen muss. Erst dann bekommt man Frieden mit Gott. Ich habe das getan. Christus hat mir meine Lebensschuld vergeben. Sogar mit meinen Sprachhemmungen ist es besser geworden. Dafür bin ich Gott dankbar.«

Durch die Teestube wurden völlig unterschiedliche Zielgruppen erreicht. Da wollte etwa eine Krankenschwesterschülerin in der Teestube ihren Geburtstag feiern. Sie fragte an und bekam die Erlaubnis. Eckhard Schaefer wurde gebeten, auch kurz vorbeizuschauen. Natürlich nutzte er die Gelegenheit, die Arbeit vorzustellen. Es waren ca. neun junge Frauen. Sie kamen danach immer wieder. Acht von ihnen entschieden sich später für Jesus Christus. Bis zu ihrem Examen hielten sie sich zur Baptistengemeinde, in der sie regelmäßig die Gottesdienste besuchten.

Als die Hells Angels plötzlich höflich wurden

In der Arbeit der Teestube gab es auch gute Kontakte zu Rockern, den »Hell's Angels«. Sie kamen allerdings nicht immer in guter Absicht zur Teestube, sondern zunächst wollten sie stören. Langsam wuchs aber Vertrauen. Sie fühlten sich offenbar innerlich so angesprochen, dass sie den Pastor in ihren Treffpunkt einluden, damit er ihnen dort mehr über den christlichen Glauben erzählen konnte. Nach einem solchen Treffen passierte etwas Schreckliches und für Eckhard Schaefer Unerwartetes. Sie vergewaltigten eine Frau. Als er sie dann im Gefängnis besuchen wollte, sagten sie ihm: »Während du uns die Geschichte aus der Bibel von dem jungen Mann erzähltest, der bei den Schweinen landete, spürten wir einen starken inneren Druck. Den mussten wir abbauen. Deshalb haben wir uns diese

Frau vorgeknöpft.« Im Gefängnis baten sie dann um Neue Testamente. Als sie bei einem weiteren Besuch wieder nach Bibeln fragten, nahm ein Gefängnismitarbeiter Eckhard Schaefer zur Seite. Er gab ihm einen Rat: »Ich würde denen keine Bibel geben. Sie lesen nicht darin, sondern benutzen das Papier nur, um daraus Zigaretten zu drehen.« So leicht konnte man ihn damals leimen. Er war offenbar zu gutgläubig.

Von der »Katakombe« zum »Neuen Land«

Die Teestubenarbeit wurde immer mehr ausgeweitet. Es entstanden mehrere Wohngemeinschaften, auch ein »Kinderparkplatz«. Dort konnten Mütter, die in der Stadt einkaufen gehen wollten, ihre Kinder für einige Stunden kostenlos abgeben.

Die Mitarbeiter kamen auch immer wieder in Kontakt mit jungen Drogenabhängigen. Ihnen wurde klar, dass es nicht reichte, den jungen Menschen nur das Evangelium von Jesus Christus zu sagen. Wenn jemand wirklich Hilfe suchte, musste er seine angestammte Umgebung verlassen können. Aus diesen Überlegungen entstand die christliche Drogenrehabilitationsarbeit »Neues Land«. Der heutige Leiter der Arbeit, Jochen Buhrow, studierte damals noch Sozialarbeit. Er erinnert sich an den Abschied seines langjährigen Wegbegleiters Eckhard Schaefer aus Hannover: »Wir standen am Ausgang des Gemeindehauses Hannover-Süd. Er hatte gerade seine letzte Predigt nach 15 Dienstjahren in Hannover gehalten. Ich weiß nicht mehr, was er gepredigt hat, aber es war sicher humorvoll und mit etwas Wehmut gewürzt und trotzdem an einem biblischen Inhalt orientiert. Das war immer so bei Eckhard. Er predigte mit aktuellem Bezug, humorvoll, dem Menschen zugewandt und zugleich biblisch bezogen. Er richtete seinen Blick nach vorn; denn es galt ja, etwas aufzubauen. Und das war nicht weniger als das Reich Gottes. Menschen sollten dazukommen, denn ohne Jesus gehen sie verloren. Das war und ist sein Motiv zu aller Wortverkündigung. Menschen sollten den Ernst ihres Lebens verstehen und sich Jesus zuwenden. Er macht das Leben lebenswert, heiter und auch leicht. Es ist eine Freude, mit Jesus zu leben.

Aber die Predigt war vorbei. Er verabschiedete sich, wie fast jeden Sonntag von jedem Gottesdienstbesucher persönlich. Hier ein Lächeln, dort ein tröstendes Wort oder einen Scherz. Jeder bekam das, was er brauchte. Und jedem blickte er dabei direkt in die Augen. Jeder fühlte sich gesehen und angesprochen.

Aber an diesem Tag war es doch etwas anders. In vielen Augen waren Tränen zu sehen. Die meisten Menschen, Gemeindeglieder und Freunde der Gemeinde, waren traurig, dass ihr geliebter Pastor nach Bremen ging. Und es fiel jedem schwer, den Pastor ziehen zu lassen. Eckhard Schaefer hatte es verstanden, jeden Menschen in eine Beziehung zu nehmen. Und so musste jeder von einer geliebten Beziehung Abschied nehmen. Da waren Menschen, die ihn gerade erst ein paar Mal erlebt hatten, und da waren Menschen, denen er ein langjähriger Freund geworden war.

Ich hatte vorher nie erlebt, dass so viele Menschen zu einem Menschen eine so intensive Beziehung haben können. Und ich durfte dazugehören. Neben mir, so glaube ich, befand sich jeder in einer besonderen einzigartigen Beziehung zu diesem Mann. Er konnte das leben und jedem so ein großes Maß an Wertschätzung zuteilwerden lassen. Er war der Beziehungsmittelpunkt in der Gemeinde.

Ich habe mich daraufhin gefragt, was für eine Beziehung ich eigentlich zu ihm gehabt habe. Nun, sie war und ist sehr vielfältig. Eckhard Schaefer ist mir Pastor und Seelsorger gewesen, Mitstreiter und Freund, Vorbild und Leitbild. Er hat mich angespornt, aufgebaut, wertgeschätzt und mitgenommen. Die Beziehung war nie oberflächlich, auch wenn es oft viel zu lachen gab. Er war echt. Wenn er nicht weiterwusste, wusste er nicht weiter. Dann haben wir gebetet. Die Beziehung zu ihm führte immer wieder in die Beziehung zu Jesus. Und darum bin ich nicht leer ausgegangen, als er wegging. Ich durfte jetzt noch stärker in eine eigene Beziehung zu Jesus wachsen, auf eigenen Beinen stehen und meine Verantwortung aufnehmen. Er hat uns, das ›Neue Land‹, losgelassen und doch im Herzen behalten. Das hat mir und uns gutgetan.

Ich verdanke ihm sehr viel. Und das ›Neue Land‹, dem er zum Leben verholfen hat, verdankt ihm sehr viel: sein Engagement, seinen Mut, sein Vertrauen zu Gott, seine Liebe zu den Menschen, besonders auch zu den Schwachen, und dass er uns in die Gemeinde und in seine Beziehung zu Jesus hineingenommen hat.

An eine konkrete Begebenheit mit ihm erinnere ich mich noch besonders gut: Ich hatte als alleinstehender junger Mann eine Dachwohnung im Gemeindehaus, die aus mehreren kleinen spartanischen Zimmern bestand. Ich nahm in meine Wohnung junge Männer auf, die ich durch die Teestubenarbeit kennengelernt hatte und die allein nicht klarkamen. Die Wohnung hatte keine Dusche, keine Küche und nur eine Toilette im Flur. Daneben befanden sich zwei Bodenkammern, von denen ich eine bewohnte und in der ich Leute aufnahm. Sie fühlten sich bei mir wohl und erfuhren Hilfe. Wir hatten eine gute Gemeinschaft. Nun bat ich die Gemeinde, mir auch die zweite Bodenkammer zu dem Zweck zu überlassen. Den Menschen musste doch geholfen werden! Die Gemeindeleitung tagte und beschloss, mir die Kammer nicht zu geben, weil sie erstens zu dürftig zur Unterbringung von Menschen war und weil sie zweitens vom Gemeindepastor als Abstellkammer benötigt wurde. Für mich brach eine Welt zusammen. Eckhard war dabei und sagte: ›Jochen, weißt du was? Gott hat etwas Besseres für uns.‹ Das war mir Trost und Ausblick. Und tatsächlich, Gott hatte etwas Besseres für uns. Nicht lange danach wurde uns ein ganzes Haus angeboten, in dem wir das ›Neue Land‹ gründeten.«

Im »Neuen Land« wurden Jugendliche aufgenommen, die von der Drogensucht freikommen wollten. Aus dieser bescheidenen Arbeit ist heute ein großes christliches Hilfswerk geworden. 34 anerkannte Therapieplätze stehen in zwei Therapiezentren in Amelith und Schorborn im Großraum Hannover zur Verfügung. Dort wird aus christlicher Überzeugung eine fachlich fundierte Arbeit geleistet. In Hannover selbst gibt es eine intensive Streetworker-Arbeit. Darüber hinaus gibt es Nachsorgeeinrichtungen. Sie sorgen dafür, dass die von der Sucht frei gewordenen Jugendlichen in das Berufsleben integriert werden.

Das Ende der Straßeneinsätze

Solange es auf der Straße bürgerlich ruhig zuging, war es für viele Passanten eine echte Herausforderung, wenn junge Christen samstags auf der Straße ihren Glauben an Jesus Christus bezeugten. Manche Zuhörer meinten: »Was ihr da sagt, das ist nicht mein Ding, aber Hut ab, dass ihr eure Überzeugungen so mutig vertretet.« Als 1968 und in den Folgejahren Studenten auf die Straße gingen, kippte dieses Wohlwollen um. Das Klima auf der Straße veränderte sich, es wurde härter. Die Studenten bliesen zur Revolution. Die Gesellschaft sollte vom »Muff der Tradition« befreit werden. Die Forderung des damaligen Bundeskanzlers Willy Brandt, mehr Demokratie zu wagen, wurde von der außerparlamentarischen Opposition so verstanden, die Gesellschaft völlig auf den Kopf zu stellen. In diesem Umfeld war das christliche Angebot keine Besonderheit mehr, sondern nur noch eine von vielen Aktionen auf der Straße. Und viele Bürger empfanden Straßenaktionen eher als Störung.

Die jungen Christen erkannten dies und nahmen die Herausforderung an. Sie verließen die Straßen und öffentlichen Plätze und luden stattdessen zu öffentlichen Veranstaltungen in das Haus der Jugend der Stadt Hannover ein. Ein Thema lautete: »Die andere Revolution«.

Als Logo prangte auf den Einladungszetteln ein großes Kreuz. Noch bevor die Veranstaltung überhaupt begann, gab es Streit. Eine Studentenorganisation meldete sich telefonisch beim Jugendpastor. Sie fanden es zwar gut, dass die Baptisten sich um Drogenabhängige kümmern würden, doch Revolution sei nicht das Thema der Christen, sondern das Thema der Studenten. Eckhard Schaefer – provokant, wie er nun mal war – hakte nach und fragte sie, seit wann sie dieses Thema auf ihre Fahnen geschrieben hätten. Die Antwort war: »Seit 1917«, dem Jahr der Oktoberrevolution in Russland. Schaefers Antwort war bezeichnend: »Wir haben dieses Thema seit 2000 Jahren – als Christus gekreuzigt wurde. Also haben wir das Copyright darauf.« Die Studenten ließen sich davon nicht überzeugen und warnten die Christen: »Wir machen euch den Abend kaputt.«

Es gehörte damals zur Taktik vieler »revolutionärer Zellen«, Veranstaltungen umzufunktionieren und damit zu sprengen. Sie mieteten selbst keine Räume, um öffentliche Treffen durchzuführen. Die Mietzahlungen überließen sie den anderen Veranstaltern. Ihre Taktik: Sie stürmten bald das Podium und versuchten, die Mikrofone für ihre Thesen zu nutzen. Das war auch den Christen bekannt. Sie ließen sich aber dadurch nicht einschüchtern und setzten ihre Vorbereitungen fort. Vor der öffentlichen Veranstaltung beteten die Mitarbeiter. Ein junger Mann sagte: »Wir müssen uns nicht fürchten. Der Herr macht zunichte der Heiden Rat (Psalm 33,10).« Mit diesem Bibelwort ermutigte er die Organisatoren.

Der Abend begann. Der Festsaal im Haus der Jugend war an dem Abend brechend voll. Eckhard Schaefer ging nach vorne und las ohne Quellenangaben einfach aus dem Buch Amos im Alten Testament vor. Dort gibt es viele sozialkritische Aussagen. Das verschlug den potenziellen Störern, die überall im Raum verteilt saßen, die Sprache. Schließlich erklärte er, dass er aus der Bibel zitiert habe. Da stünden auch noch ganz andere wichtige Sachen drin. Er machte ihnen klar, dass jeder, der gesellschaftliche Strukturen verändern wolle, zunächst die Erfahrung machen müsse, dass »Gott unser Herz verändern muss«. Denn nach der Diagnose der Bibel sei die Wurzel allen Übels das menschliche Herz.

Der Abend verlief verhältnismäßig ruhig. Nach Verabschiedung der vielen Gäste brach unter den Studenten allerdings ein Streit los. Ihr Konzept war nicht aufgegangen. Sie machten sich gegenseitig Vorwürfe, warum niemand von ihnen entgegen der Absprachen die Initiative ergriffen habe: »Warum bist du nicht nach vorne gegangen?« Eckhard Schaefer hörte das, ging auf sie zu, gab sich souverän und cool: »Dass ihr nicht zum Zuge gekommen seid, hängt damit zusammen, dass ihr es bei unseren Veranstaltungen immer mit einem Stärkeren zu tun habt, nämlich mit Gott selbst.« Er erzählte ihnen, dass seine Gruppe mit geistlichem Rückenwind in den Abend gestartet sei – nämlich dem Bibelwort, dass der Herr die Heiden zunichtemacht. So fand dieser öffentliche Abend auf dem Korridor im Haus der Jugend eine evangelistische Fortsetzung. Immer mehr Argumente wurden von beiden Seiten ausgetauscht. Die Diskussion wurde immer energischer und ambitionierter geführt. Auf einmal ergriff einer der Teestubenleute das Wort: ein 15-jähriger Sonderschüler mit einem kleinen Sprachfehler. Er war erst wenige Wochen lang Christ. Eckhard Schaefer war davon nicht gerade begeistert. Sein erster Gedanke war ein Stoßgebet: »Ach Herr, was soll das werden?« Aber was der Junge dann sagte, hatte es durchaus in sich: »Ihr macht hier so kluge Sätze. Manche eurer Worte verstehe ich nicht. Ich war alkoholabhängig, die haben mich rausgeholt. Durch Jesus Christus bin ich frei geworden. Wenn ihr das nicht machen könnt, dann müsst ihr schweigen.« Das saß.

Es war damals eine aufregende Zeit. Viele junge Leute wollten etwas bewegen. Wenn sich der Pastor daran erinnert, kommt er ins Schwärmen. Langweilig war Gemeinde- und Jugendarbeit nie. Aber fairerweise muss eingeräumt werden, dass die Gruppe der Leute aus der Teestube einige Mitarbeiter auch an die Kommunisten verloren hat. Sie haben die Front gewechselt. Die Revolution der Liebe ging ihnen offenbar nicht schnell genug.

In der bereits angeführten Zeitschrift »Werfet die Netze aus« schreibt Thomas Ehren unter der Überschrift »Ich wollte Revolution«: »Sommer 1970. Ich war überzeugter und erfolgreicher Funktionär in einer kommunistischen Jugendorganisation. Mein Ziel: Umwälzung der bestehenden gesellschaftlichen Verhältnisse. Jede persönliche menschliche Beziehung und jedes Privatleben musste für eine gerechtere und menschenwürdigere Gesellschaft zurücktreten. Deshalb kam es zum Bruch mit allen Menschen, auch mit meiner Verlobten und mit meinem Elternhaus. Aufgrund von Auseinandersetzungen in unserer Organisation konnte ich dort nicht länger bleiben. Eine Welt zerbrach für mich. Ich befand mich in der vollkommenen Isolation von allen Menschen. Ich sah keine Zukunft für mich. Ich lebte aus der Wiederholung heraus – in der Routine eines Behördenjobs. Ich stellte die Frage: Wie kann man richtige Politik machen, wenn man nicht in der Lage ist, sinnvolle Beziehungen zu seiner Umwelt zu haben? Ich sah die Notwendigkeit einer Änderung meines Lebens, ohne den Weg zu wissen. In dieser Zeit schrieb mir ein junger Mann: ›Wenn Sie auch Jesus für Ihr Leben abgeschrieben haben, so hat er Sie doch nicht aufgegeben.‹ Ich vermutete den Briefschreiber in den Kreisen der Teestube ›Katakombe‹, von der ich gehört hatte. Ich ging dort einmal hin. Ich war beeindruckt von der Gemeinschaft, besonders auch auf einer Tagung, die ich bald mitmachte. Eigentlich ging ich um der Menschen willen zur Teestube. Die Gemeinschaft, die ich erlebte, sah ich aus der Situation des Außenseiters. Aufgrund eines Gesprächs mit einem Mitarbeiter fing ich an, mich ernsthaft mit dem Christsein auseinanderzusetzen, allerdings auf sehr abstrakte Weise. Ich musste erst härter im Leben getroffen werden, um zu erkennen, dass beim Glauben immer unsere ganze Existenz betroffen ist und nicht nur der Verstand. Dann starb meine Mutter. Ich hatte zu ihr nie ein richtiges Verhältnis. Wir lebten nebeneinanderher oder hatten Streit. Ich habe ihr viel Leid zugefügt. Nun war sie tot. Ich erlebte angesichts dieses unumkehrbaren Ereignisses, was es heißt, schuldig zu werden, ohne es wiedergutmachen zu können. Bei der Totenfeier traf mich ein Wort aus einem Psalm: ›Herr, lehre mich doch, dass es ein Ende mit mir haben muss. Siehe, meine Wege sind eine Handbreit bei dir, und mein Leben ist wie nichts vor dir. Die Menschen gehen daher wie Schemen; sie sammeln und wissen nicht, wer es einnehmen wird. Nun, Herr, wes soll ich mich trösten? Ich hoffe auf dich. Errette mich von aller meiner Sünde.‹ Ich habe aufrichtig gebetet. Und Jesus Christus hat sich als der erwiesen, der von dem Vergangenen befreit und der mir eine Zukunft gibt. Durch Jesus habe ich Hoffnung für mich und für die Welt. Seine Liebe ist die eigentliche Revolution.«

Verpasste Chancen

Eckhard Schaefer stimmt es heute traurig, dass dieser Geist des Aufbruchs verloren gegangen ist: »Wir verpassen so viele Chancen. Wir sind so defensiv.« Er erinnert an die Ermordung von Martin Luther King im April 1968 in Memphis. Das war wiederum ein Anlass für die jungen Baptisten, zu einer öffentlichen Podiumsdiskussion ins Haus der Jugend einzuladen. Für eine Podiumsrunde hatten sie Vertreter anderer Jugendverbände eingeladen, darunter auch die Jungsozialisten. Der spätere Bundeskanzler Gerhard Schröder war damals Vorsitzender der »Jusos« in Hannover. Er ließ sich an diesem Abend aber vertreten. Es ging um die Frage, was die verschiedenen Verbände aufgrund ihres Programms für den Frieden tun. 400 Jugendliche kamen zu dieser Veranstaltung. »Wir waren«, erklärt er, »fast immer in der Offensive. Wir haben nicht gewartet, bis uns irgendjemand fragte, warum wir glauben und was wir tun, sondern wir haben andere herausgefordert.«

Zu dieser Zeit fühlten sich viele Mitchristen der gesellschaftlichen Situation nicht gewachsen. Pastorenkollegen von Eckhard Schaefer beklagten Defizite in ihrer Ausbildung und begannen ein Zusatzstudium. Dabei standen die Humanwissenschaften höher im Kurs als die Theologie. Das gesellschaftliche Umfeld färbte auch auf die Gemeinden ab. Überall gab es Verfechter der Selbstverwirklichung. Das weitverbreitete Wirtschaftswachstum und die damalige soziale Absicherung durch den Staat wurden von vielen jungen Leuten nicht als Leistung der Nachkriegsgeneration anerkannt. Eckhard Schaefer erinnert sich: »Mir haben diese aufregenden Jahre klargemacht, wie brüchig – soziologisch gesehen – diese menschliche Gesellschaft ist, wie zerbrechlich diese Voraussetzungen sind, damit man in Frieden zusammenleben kann. In mir hat das die Überzeugung gefestigt, dass nur Jesus Christus der Fels ist, auf den ich mich gründen kann.«

12. Eine neue Gemeinde entsteht: Hannover-Süd

Noch bevor Eckhard Schaefer nach Hannover kam, hatte die Gemeinde in der Walderseestraße den Beschluss gefasst, im Süden der Stadt eine neue Gemeinde zu gründen. Anfangs war er als Jugendpastor eingebettet in ein Team erfahrener Theologen. Doch schon nach einem Jahr hatte sich die Situation völlig gewandelt. Da war er auf einmal der dienstälteste Pastor. Drei Kollegen waren in andere Gemeinden oder überörtliche Dienste gewechselt. Die Gemeindemitglieder, die für sich von Gott einen Auftrag sahen, in der Südstadt eine neue Gemeinde zu gründen, fragten ihn, ob er sie in dieser Arbeit unterstützen würde. Und so kam nach zwei Jahren in der Jugendarbeit ein neuer Schwerpunkt in seinem Dienst hinzu – nämlich die Gemeindegründungsarbeit. Das war 1965. Bereits seit 1958 hatte die Gemeinde in der Südstadt in Verantwortung von Pastor Arnold Hopf missionarische Initiativen gestartet. Dort hatte die junge Gemeinde jedoch noch kein eigenes Gemeindezentrum. Sie feierte ihre Gottesdienste im Gemeindehaus der Siebenten-Tags-Adventisten, die ja bekanntlich am Samstag zu ihren Gottesdiensten zusammenkommen. Man kam sich also nicht ins Gehege. Die Kinder trafen sich zur Sonntagsschule in einer nahe gelegenen Schule, die Jungschar versammelte sich im Keller einer Familie, die Jugendgruppe im Haus der Jugend. Die Gemeinde war letztlich über den gesamten Stadtteil verstreut, manchmal an neun verschiedenen Orten. Mit der Adventgemeinde war vertraglich geregelt, dass die Baptisten für ihre Veranstaltungen keine Reklame machen durften. Zunächst gab es die Hoffnung, dass man schon bald ein eigenes Gemeindehaus finden würde. Doch diese Hoffnung wurde auf eine immer härtere Probe gestellt. Es entpuppte sich als schwierig, in der Südstadt ein geeignetes Haus oder auch ein Grundstück zu finden. Sieben weitere Jahre musste die Gemeinde warten.

Im Gemeindehaus der Adventisten kamen recht bald 150 Besucher in den Gottesdienst. Da war jeder Stuhl besetzt. Eigentlich war dies eine gute Entwicklung, aber die Grenzen für weiteres Gemeindewachstum waren erreicht. Zu diesem Zeitpunkt erhielt die Gemeinde die Nachricht, dass sie für einen längeren Zeitraum das Gemeindehaus der Adventisten nicht nutzen konnte, weil es die Eigentümer renovieren wollten. Wohin sollten die Baptisten also ausweichen? In der Hauptgemeinde Walderseestraße gab es kaum Platz, denn deren Gottesdienste waren immer überfüllt. Eckhard Schaefer empfahl der Gemeinde deshalb, sich für die Zeit der Renovierungsarbeiten irgendwo anders umzusehen, in einer anderen Baptistengemeinde oder auch in einer Gemeinde einer anderen Denomination. Nach acht bis zehn Wochen würde man sich ja wiedersehen.

Als die Renovierungsarbeiten abgeschlossen waren, setzte die Gemeinde eine kleine Notiz in die Zeitung, dass sich die Baptisten im Süden von Hannover wieder zum Gottesdienst treffen würden. Der Pastor war vom Besuch des ersten Gottesdienstes überrascht: Es waren nicht nur alle bekannten Gesichter wieder da, sondern einige Leute hatten sogar weitere Besucher mitgebracht. In dem Augenblick wurde ihm klar: »Hier gehörst du hin. Mit diesen Leuten hat Gott noch etwas vor.« Das war für ihn der Grund, Anfragen anderer Gemeinden, die ihn gerne zu ihrem Pastor berufen wollten, eine Absage zu erteilen.

Was Eckhard Schaefer im Rückblick aufgefallen ist: Überall, wo er als Pastor tätig war, hat man gebaut. In Hannover wurde das Gemeindezentrum in der Südstadt gebaut. Schon vorher, als er noch Jugendpastor war, war er mitverantwortlich für Bauprojekte der Drogenrehabilitationsarbeit »Neues Land«. Später, als er Pastor in Bremen war, wurde das Gemeindehaus erweitert und ein Bauprojekt für Senioren in unmittelbarer Nähe zum Gemeindezentrum in Angriff genommen. Zudem wurde in Norden-Norddeich ein Freizeitheim gebaut. Als dann die Berufung in den überregionalen Dienst als Bundesdirektor nach Bad Homburg anstand, meinte seine Frau: »Gut. Mach das mal. Damit ist garantiert kein Bau verbunden.« Sie hatte sich leider getäuscht. In seine Amtszeit fiel der Bau des Bildungszentrums Elstal und die Verlegung des Theologischen Seminars des Bundes von Hamburg dorthin – vor die Tore Berlins.

Auseinandersetzung um die Charismen

In den 1960er-Jahren fasste die charismatische Bewegung Fuß in Deutschland. Auch in der Gemeinde Hannover beschäftigte man sich mit den Gnadengaben Gottes, angeregt durch eine Tagung in einem evangelischen Konferenzzentrum. In der Gemeinde gab es eine ganze Serie von Bibelarbeiten zu diesem Thema. Die Baptisten befassten sich mit der Frage: Was bezeugt die Bibel in Bezug auf die Gnadengaben und welche Gnadengaben Gottes sind zum Gemeindeaufbau wichtig?

Natürlich gab es auch Ablehnung innerhalb der Gemeinde. Gestandene Baptisten, die sich eigentlich in allen Lebenslagen von der Bibel prägen lassen wollten, bekundeten ihre Skepsis vor allem gegenüber dem Sprachengebet – dem Gebet in einer Sprache, die Gottes Geist schenkt. Ein Mitglied der Gemeinde meinte: »Sollte in unserer Gemeinde einmal jemand in Zungen beten, dann werde ich die Feuerwehr rufen, damit sie uns alle kalt abspritzt.« Hintergrund solcher Äußerungen waren Erfahrungen einiger älteren Gemeindemitglieder, die in ihrer Jugendzeit erlebt hatten, dass sich Gemeinden unter dem Einfluss des Heiligen Geistes gespaltet hatten. Der Zerbruch ging auch durch Familien.

In dieser Zeit lernte Eckhard Schaefer Menschen kennen, von deren Gebetsleben er sehr beeindruckt war. Sie gehörten verschiedenen evangelischen Kirchen an. Ihr Gebetsleben hatte Tiefgang. Dabei war ihre Art zu beten sehr natürlich, nichts Zwanghaftes war zu spüren. Er stellte fest, dass sie alle die Erfahrung teilten, die der Apostel Paulus so beschreibt: »Denn wir wissen nicht, was wir beten sollen, wie sich's gebührt; sondern der Geist selbst vertritt uns mit unaussprechlichem Seufzen« (Römer 8,26).

Die Begegnung mit diesen Christen hat sein Bild vom Sprachengebet korrigiert. Er hatte bis dahin gemeint, solch ein Beten sei immer sehr theatralisch. Während eines Abendmahlsgottesdienstes sprach für viele unerwartet – auch für Eckhard Schaefer – jemand ein Gebet in einer anderen Sprache. Nach dem Gottesdienst kamen mehrere Gemeindemitglieder auf den Pastor zu und fragten ihn, warum er den »ausländischen Bruder« bei der Begrüßung nicht vorgestellt habe. Es gehöre ja zur Tradition der Baptisten, dass Gäste und Besucher von außerhalb – wenn sie es wünschen – einen kurzen Gruß im Gottesdienst sagen können. Und auch jener Bruder, der zuvor angekündigt hatte, die Feuerwehr zu rufen, wenn bei ihnen in der Gemeinde jemals jemand in Zungen beten würde, sprach den Pastor an. Er ahnte Schlimmes, als dieser Mann auf ihn zukam. Er wappnete sich innerlich, ihm in Liebe zu begegnen. Doch das war gar nicht nötig. »Eckhard, war das ein Zungengebet?«, wollte er von ihm wissen. Als er bejahte, stand für ihn fest: »Wenn das so ist, dann darf es auch bei uns sein.« Nach dieser Erfahrung beschloss die Gemeinde, dass alles, was in der Bibel geistlich als Baustein für den Gottesdienst angeboten wird, auch zum Einsatz kommen *darf* – aber nicht verwendet werden *muss*. Sprachengebete waren kein Kennzeichen der öffentlichen Gottesdienste dieser Gemeinde. Aber nachdem sie sich für den Heiligen Geist bewusst geöffnet und von sich aus keine Beschränkungen für Wirkungen des Geistes Gottes erlassen hatte, kamen immer wieder neue Leute dazu. Sogar ein zweiter Gottesdienst am Freitagabend wurde ins Leben gerufen.

Gemeinschaft ist dort, wo man gemeinsam schafft

Auch mit dem Bau eines neuen Gemeindehauses ging es voran. Auf einmal fand die Gemeinde einen Bauplatz an der Hildesheimer Straße. Die Muttergemeinde Walderseestraße unterstützte das Bauprojekt. Die Gemeinde baute ihren Gemeindesaal bewusst etwas kleiner als den Saal im Gemeindehaus der Muttergemeinde. In der Adventgemeinde trafen sich etwa 150 Leute, jetzt wurde ein Gemeindesaal für 400 Gäste errichtet. Eckhard Schaefer hätte das Gotteshaus gerne sogar noch größer geplant. Aber es konnten nicht alle Wünsche und Hoffnungen von ihm erfüllt werden. Trotzdem war dieses Bauvorhaben ein Schritt vorwärts. Und Gott hat dieses Vorhaben offenbar gesegnet, denn schon nach verhältnismäßig kurzer Zeit waren auch in dem neuen Haus sonntags alle Plätze besetzt, manchmal auch die Treppenstufen. Für Schaefer war dies eine neue geistliche Erfahrung, die ihn geprägt hat: Zum einen ist es für einen Pastor wichtig, in innerer Einheit mit anderen Verantwortungsträgern Entscheidungen zu fällen und nicht sein eigenes Schrittmaß für andere zum Maßstab zu machen, zum anderen schenkt Gott immer so viel Segen, wie wir ihm im Vertrauen »unsere leeren Hände hinhalten«.

Aufgrund dieser Erfahrung predigt er gerne über einen alttestamentlichen Text, in dem berichtet wird, wie eine Witwe in materielle Not gekommen ist. Sie hat nur noch einen Krug Öl zu Hause. Der Prophet Elisa fordert sie auf, sich bei den Nachbarn leere Gefäße zu leihen. Das Öl vermehrt sich so lange, bis der letzte Krug gefüllt ist. Wäre ihr Vertrauen größer gewesen und hätte sie noch mehr leere Gefäße herbeigeschafft, wäre sicherlich auch noch mehr Öl geflossen.

Eckhard Schaefer ist überzeugt, wenn er und mit ihm andere grenzenloser vertraut und das Gemeindehaus an der Hildesheimer Straße räumlich noch größer gebaut hätten, wäre ihr Vertrauen belohnt worden. Die Gemeinde hätte noch mehr Wachstum erlebt. Dass sich in den sechs Jahren nach der Einweihung des Gemeindehauses über 175 neue Mitglieder der Gemeinde anschlossen und viele Gäste zum Gottesdienst kamen, war Freude und Herausforderung zugleich.

Flügel statt Orgel

Immer wieder hat sich Eckhard Schaefer – nicht nur in Hannover – dafür engagiert, dass Gemeindehaushalte ausgeglichen waren und Baukosten bezahlt werden konnten. Dafür ein Beispiel von vielen: Das Gemeindezentrum in Hannover-Süd war fast fertig. Die Einweihung wurde bereits geplant. Die Anschaffung einer Orgel war nicht vorgesehen, stattdessen wollte die Gemeinde ein Klavier kaufen – besser noch einen Flügel. Doch das Instrument wurde bereits zur Einweihungsfeier benötigt. Woher sollte es kommen? Eckhard Schaefer konnte helfen. Er hatte gehört, dass ein Professor der Musikhochschule einen Steinway-Flügel verkaufen wollte. Also besuchte er diesen Mann. Tatsächlich wurde man sich handelseinig. Doch das Geld für den Flügel war im Bauhaushalt nicht enthalten. Was tun? Dieser Professor leitete neben seiner Unterrichtstätigkeit noch ein Kammerquartett. Es plante ein öffentliches Konzert schon in naher Zukunft. Der Pastor schlug deshalb vor, die Generalprobe doch am besten im neuen Gemeindehaus der Baptisten durchzuführen. Bei dieser Gelegenheit könnte dann auch gleich der neue Flügel eingeweiht werden. Dieser Vorschlag stieß bei dem Musiker tatsächlich auf Gegenliebe, und auch die Gemeinde war begeistert. Bei der Generalprobe war der Kirchensaal voll besetzt und der freiwillige Unkostenbeitrag der vielen Besucher deckte fast den Kaufpreis für den Flügel.

Jesus groß machen

Gibt es ein Geheimnis für Wachstum in der Gemeindearbeit? Eckhard Schaefer meint schon. Die vier Säulen aus der Apostelgeschichte 2 waren und sind für ihn die Struktur des Gemeindeaufbaus: Apostellehre, Gemeinschaft, Brotbrechen und Gebet. Seine Strategie: Es ging ihm immer darum, nicht zu predigen, was ankommt, sondern worauf es ankommt. Er wollte Jesus Christus groß machen und ihm die Ehre geben. Er muss in dem Zusammenhang an eine evangelistische Rufer-Woche denken, bei der er zum Mitarbeiterkreis gehörte: »Wir haben samstags in der Stadt Einladungen verteilt. Ein junger Mann half uns. Niemand kannte ihn. Er kam auch, wenn wir die Abendveranstaltungen im Mitarbeiterkreis vorbereiteten.« Nach dem Abendprogramm sprach der Pastor ihn an. Wie sich herausstellte, hatte der junge Mann einen Gehörschaden und kam aus einer sozial schwierigen Familie. Aber er war interessiert am christlichen Glauben, und so sprach Eckhard Schaefer mit ihm ein Übergabegebet. Einige Wochen später war er erneut in der Stadt, und er traf auch diesen jungen Mann wieder. Die beiden kamen ins Gespräch. Eckhard Schaefer wollte wissen: »Bekommst du hier auch geistliche Nahrung?« Mit dieser Frage hatte er offenbar in ein Wespennest gestochen, denn der junge Mann verneinte. In der Bibelstunde würde es immer nur um Abraham gehen, aber nicht um Jesus. Der dortige Pastor hatte offenbar über mehrere Monate eine Themenreihe über Abraham vorgesehen. Der Mann sagte: »Ich höre nichts von Jesus. Jetzt weiß ich zwar, wie viele Schafe Abraham hatte, ich möchte aber hören, wie ich in der Herde Jesu wachsen kann.« Schaefer hat diesen Hinweis nie vergessen – auch später als Gemeindepastor nicht. Er war ihm eine Lehre, auch bei Predigten über alttestamentliche Bibelstellen nie Jesus Christus außer Acht zu lassen: »Schließlich praktizieren wir eine christliche Gemeindearbeit und keinen Synagogengottesdienst.«

Heute sagt er dazu: Eine Firma, die auf dem Wirtschaftsmarkt überleben will, muss etwas anbieten, was konkurrenzlos ist. Die Fachleute sagen: Sie brauchen ein Alleinstellungsmerkmal. Und für ihn bedeutet dies: Auf dem pluralen Markt der Sinnfindung muss die Gemeinde Jesu nicht in Konkurrenz treten zu Volkshochschulangeboten. Ihr Alleinstellungsmerkmal ist Jesus, der Gekreuzigte und Auferstandene. Das gehört jeden Sonntag auf die Kanzel.

13. Aus dem Gemeindeleben in Hannover

Einmal im Monat feierte die Gemeinde den Sonntag als Gemeinschaftssonntag, bei dem es auch ein gemeinsames Mittagessen gab. Im Sommer traf man sich anschließend oft im Stadtwald. Es war eine Art gemeinsamer Ausflug. Dort wurde gespielt, gesungen und der Picknickkorb ausgepackt. Gelegentlich spielten Spaziergänger mit oder wurden zum Grillen eingeladen. Und wenn der Gemeindechor sang, konnte man sicher sein, dass nicht nur die Gemeindemitglieder zuhörten, sondern auch viele Passanten. Manche konnte die Gemeinde später im Gottesdienst begrüßen.

Zu den Gemeinschaftsangeboten gehörte auch die Gastfreundschaft in den Familien. Man lud sich gegenseitig zum Essen ein oder verbrachte einfach die Freizeit miteinander. Gemeindefeste waren ein Höhepunkt im Gemeindeleben.

Zum Jahresanfang trafen sich die Mitarbeiter der verschiedenen Arbeitsgruppen und der Gemeindeleitung zu einer dreitägigen Mitarbeiterfreizeit, um die Schwerpunkte der Arbeit zu beraten. Der Ältestenkreis begann seine Sitzung in der Regel mit einem gemeinsamen Abendessen und persönlichem – oft auch seelsorgerlichem – Austausch. Diese Einmütigkeit hatte Folgen, denn sie setzte sich auch bei den Beratungen in der Gemeinde fort.

In Baptistengemeinden ist es üblich, einmal im Monat einen Abendmahlsgottesdienst zu feiern. Das war auch in Hannover so, jeweils am ersten Sonntag im Monat. Die Gemeinde lud aber darüber hinaus einmal im Monat zu einem Abendgottesdienst ein. Dort konnten die Teilnehmer von ihrem Erleben mit Jesus Christus erzählen und sich für ihre Aufgaben segnen lassen. Auch Bibelworte wurden vorgelesen und von verschiedenen Teilnehmern erläutert. In diesem Gottesdienst wurde ebenfalls das Abendmahl gefeiert und als Gemeinschaftsmahl erlebt.

Das Gebet spielte eine wichtige Rolle in der Gemeinde. An jedem Mittwoch trafen sich um sechs Uhr morgens die Mitarbeiter aus verschiedenen Gemeinden zum Gebet. Um sieben Uhr gab es ein gemeinsames Frühstück und um acht Uhr war jeder wieder bei seiner

Arbeit. In der Woche trafen sich weitere Beter an jedem Freitag ebenfalls um sechs Uhr, um die Anliegen der Gemeinde, der Stadt Hannover und der Welt vor Gott auszubreiten.

»Das Boot«

Die Gemeinde engagierte sich aktiv für die Stadt. 1978 eröffnete sie für Schüler, Studenten, Auszubildende und junge Arbeitslose die Begegnungsstätte »Das Boot«. Der Name war eine Anlehnung an das Kirchenlied »Ein Schiff, das sich Gemeinde nennt«. Die Gemeinde mietete dazu eine leer stehende Wäscherei an und baute sie innerhalb eines halben Jahres in 2 500 freiwilligen Arbeitsstunden um. Freitags und samstags gab es offene Abende, tagsüber verschiedene Angebote für die Zielgruppe, unter anderem eine Beratung für Drogen- und Alkoholfragen, aber auch eine Sozialberatung »Hilfe zum Leben«. Ungewöhnlich für die damalige Zeit war: An verkaufsoffenen Samstagen konnten die Eltern hier ihre kleinen Kinder abgeben, damit sie zwischen neun und fünfzehn Uhr ungestört einkaufen gehen konnten. Leiter vom »Boot« war der damalige Jugendpastor der Gemeinde, Michael Borkowski. Bei der Einweihung lobte der Jugendreferent der Stadt Hannover das Engagement der Gemeinde. Er zeigte sich beeindruckt von der Eigenleistung der Mitarbeiter und auch davon, dass für das Projekt kaum öffentliche Mittel in Anspruch genommen worden waren. In dieser Jugendarbeit entstand auch die Idee, eine eigene Jugendzeitung herauszugeben. 15 junge Leute machten im Team der »Junge Gemeinde Zeitung« mit. Innerhalb von zwei Jahren wurden insgesamt 10 000 Exemplare gedruckt, die unter Freunden und in den Schulen verteilt wurden.

»Aufnahmebedingungen«

Als das Gemeindehaus in Hannover fertiggestellt war, kam es immer wieder vor, dass Besucher vorbeischauten – auch viele kirchliche Gruppen –, um das Haus zu besichtigen. Die Gäste kamen aus dem Staunen nicht heraus, dass eine Gemeinde allein aus eigenen Mitteln ein solches Haus hatte bauen können. Allen Interessenten wurde gerne das Haus gezeigt und dabei auch immer wieder von den Erfahrungen im Gemeindeleben berichtet. Eines Tages stand erneut ein älteres Ehepaar vor der Eingangstür. Eckhard Schaefer ließ sie herein und sie erkundigten sich nach den »Aufnahmebedingungen«. »Oh, das ist eine ganz wichtige Frage, die kann man nicht im Vorbeigehen klären«, sagte er ihnen. Aber er wäre gerne bereit, sie zu besuchen, weil er gleich zu einem Krankenbesuch verabredet sei. Damit war das Ehepaar aber nicht zufrieden. Die beiden älteren Leute wollten gleich eine Antwort. »Gut«, sagte der Pastor, »starten wir mit einem Bibeltext aus Apostelgeschichte 2.« Da finde man unter anderem die Aufnahmebedingungen, die für die Gemeinde wesentlich seien. Und er erläuterte ihnen, dass Glaube und Buße die Voraussetzung für die Taufe sind. Als er eine Atempause machte, raunte der Mann seiner Frau zu: »Mutter, ich glaube, das ist hier doch kein Altenheim.« Das musste der Pastor bestätigen. Die beiden hatten sich an der Tür geirrt. In der Nähe des Gemeindehauses gab es ein Altenheim. Und tief innen wünschte er sich, dass dieser Mann auch im Blick auf die Gemeinde recht behalten möge – dass sie sich nämlich nicht zu einem »Altenheim« entwickeln würde, sondern sie immer jung bleiben möge.

Eine andere Begebenheit mit »Aufnahmebedingungen« erlebte Eckhard Schaefer, als er einen Anruf erhielt: »Stimmt es, dass ich, wenn ich bei Ihnen Gemeindemitglied werden will, keine Kirchensteuer bezahlen muss?« Er antwortete dem ihm unbekannten Anrufer: »Das stimmt.« Die Rückfrage am Telefon kam sofort: »Was kostet es denn bei Ihnen, wenn ich Mitglied werde?« Die Antwort lautete: »Ihr Leben.« Von dem Mann hat er nie wieder etwas gehört. Er hat erschrekkt aufgelegt.

Ein besonderes Taufbecken und außergewöhnliche Taufen

Die Firma, die das Gemeindehaus gebaut hatte, war ein mittelständisches, sehr solides Unternehmen. Sie hatte Akkordgruppen. Die Männer wurden danach bezahlt, wie viel sie von der anstehenden Arbeit wirklich schafften. Ein Bauarbeiter gehörte allerdings keiner solchen Gruppe an. Er war immer allein. Er war offenbar nicht so schnell und hätte den Akkord gedrückt. Seine Kollegen hätten also weniger verdient. Der zuständige Polier erläuterte Eckhard Schaefer, dass der Chef ihn nicht entlassen wollte, auch wenn er gelegentlich dem Alkohol zusprach. Er sei zwar ein bisschen langsam, aber gewissenhaft. Im Gemeindehaus musste dieser Mann das Taufbecken einschalen. Er winkte den Pastor zu sich herüber und fragte: »Was mache ich hier eigentlich?« Eckhard Schaefer klärte ihn auf, dass es sich um ein Taufbecken handele. »Muss das so groß sein?« Er dachte wahrscheinlich an die kleinen Kindertaufbecken in den evangelischen oder katholischen Kirchen. Der Theologe erläuterte ihm das baptistische Taufverständnis und die entsprechende Taufpraxis durch Untertauchen. Der Handwerker wurde ganz nachdenklich: »Wissen Sie was, das leuchtet mir ein. Wenn Sie mal so 'ne Taufveranstaltung haben, dann rufen Sie mich doch an. Ich komme dann mit meinem Pastor vorbei. Und wenn dem das zusagt, dann mauere ich ihm so ein Ding auch in seine Kirche. Selbstverständlich kostenlos.« Es blieb bei der Ankündigung. Ob der Mann wirklich jemals einen baptistischen Taufgottesdienst erlebt hat oder ob es inzwischen eine Landeskirche mit Taufbecken zum Untertauchen gibt, entzieht sich seiner Kenntnis.

Eckhard Schaefers erste Taufe, an der er als Jugendpastor mitwirkte, fand im Rahmen eines Abendgottesdienstes im Gemeindezentrum der Gemeinde Hannover-Walderseestraße statt. Er bat seinen Kollegen Otto Simon, seine Täuflinge zuerst zu taufen. Er wollte noch einmal zuschauen und von ihm lernen. Dann wollte er bei seinen Täuflingen die Taufhandlung vornehmen. Bei dieser Taufe ist ihm etwas sehr Eigentümliches begegnet. Ihm fiel auf, wie Otto Simon durch das Wasser schritt und ein Kreuzzeichen in dem Wasser schlug. Nach der Taufe sprach er ihn deshalb gleich an: »Otto, das sah so feierlich aus, wie du das Wasser gesegnet hast. Ich habe das so gar nicht im Seminar gelernt.« Otto Simon guckte ihn etwas verwundert an und klärte ihn dann auf. »Du kannst dankbar sein, dass ich nicht laut aufgeschrien habe, als ich ins Taufbecken stieg. Beinahe hätte ich mich verbrannt.« Was war geschehen? Das kalte Wasser war schon einen Tag zuvor ins Taufbecken eingelassen worden. Kurz vor der Taufe wurde dann heißes Wasser nachgefüllt – aber die Erkenntnisse aus dem Physikunterricht blieben unberücksichtigt. Warmes Wasser hat eine etwas geringere Dichte als kaltes Wasser. Es »schwamm« also auf dem kalten Wasser. Und als Otto Simon nun in das Taufbecken stieg, hatte sich das heiße Wasser noch nicht mit dem kalten vermischt. Mit seiner »segnenden Handbewegung« hatte er versucht, in liturgisch einfühlsamer Weise das heiße mit dem kalten Wasser zu vermischen. So liegen das Heilige und Profane oft ganz nah beieinander.

Zu der Gemeinde in Hannover-Süd gehörte eine ältere Dame. Sie war über 70 Jahre alt. Damals war es üblich, dass gerade ältere Leute meist dunkel gekleidet in den Gottesdienst kamen. Nicht so diese Frau. Sie war modern gestylt und kleidete sich jugendlich. Sie war zum Glauben gekommen und wollte sich taufen lassen. Für diesen Festtag hatte sie sich extra eine Dauerwelle machen lassen. Allerdings hatte sie ein Problem: »Darf ich zur Taufe eine Badekappe aufsetzen?«, fragte sie im Vorgespräch. Eckhard Schaefer schlug ihr einen Kompromiss vor. Sie dürfe sie tragen, doch solle sie die Badekappe möglichst erst aufsetzen, wenn sie in das Taufbecken ginge. Sie kam also bei der Tauffeier ins Taufbecken, die Badekappe in der Hand. Und dabei fiel dem bereits im Wasser stehenden Pastor auf, wie sie verzweifelt die Öffnung der Bademütze suchte. Was war geschehen? Durch das lange Halten in der warmen Hand während des Gottesdienstes war die Kunststoff-Badekappe zusammengeklebt. Sie ließ sich nicht mehr auseinanderziehen. Nach einiger Zeit schmiss die Frau die Badekappe wie einen kleinen Ball durch das Taufbecken: »Das ist jetzt auch ganz egal«, sagte sie laut. Allerdings hatte Schaefer in dieser Lage einen, wie er sagt, »genüsslichen Gedanken«: »Ich war versucht, bei der Taufe ihren Kopf mit der Haartracht doch etwas länger unter Wasser zu halten, als es wirklich notwendig gewesen wäre. Diese eitle Frisur sollte besonders in den Tod Christi getauft werden.« Gedacht, getan. Es war aber nur für den Pastor selbst eine menschliche Variante bei einem geistlichen Akt. Die Gemeinde hatte es nicht gemerkt. Und die Frau atmete hinterher besonders kurz und tief.

In Hannover lernte Eckhard Schaefer einen jungen Mann kennen, der öfter privat bei ihm zu Hause war. Auch er meldete sich schließlich zur Taufe an. Den Pastor freute das natürlich sehr. Als die Taufkandidaten sich der Gemeinde vorstellten, gab auch er seinen Bericht und schilderte, wie er Christ geworden war. Für Schaefer war alles klar. Eine Taufe wie viele andere auch. Bis er am Freitag vor der Taufe die Bibelstellen für die Täuflinge, die ihnen als Zuspruch gegeben werden sollten, heraussuchen wollte. Er sprach ein kurzes Stoßgebet: »Herr, lass mich ein Bibelwort finden, das für das Leben der Täuflinge eine Bedeutung hat.« Für sechs Täuflinge waren die Taufkarten recht schnell geschrieben. Aber immer, wenn er gerade für diesen jungen Mann ein Wort heraussuchen wollte, hatte er eine innere Sperre. Was sollte er nur tun? Dieses Gefühl einfach ignorieren? Er fuhr kurzerhand zu diesem jungen Mann hin und erzählte ihm von dieser Blockade: »Gibt es irgendetwas, was deiner Taufe im Wege steht?« Der junge Mann verneinte. »Das muss dann an mir liegen«, sagte Eckhard Schaefer und verabschiedete sich von ihm. Doch die Gefühle der Ungewissheit und der Unruhe blieben. Daraufhin besuchte er ihn dann noch einmal gemeinsam mit einem Ältesten der Gemeinde, so wie es das Neue Testament in solchen Situationen empfiehlt. Wieder erhielten beide von ihm dieselbe Antwort. Alles sei zwischen ihm und Gott in Ordnung. Der Pastor taufte ihn dann schließlich. Allerdings war er doch etwas verunsichert darüber, was dieses merkwürdige Gefühl überhaupt sollte. Die Antwort erhielt er einige Wochen später. Auf einmal interessierte sich die Kriminalpolizei für diesen jungen Mann. Er hatte einige Straftaten begangen und musste sogar ins Gefängnis. Das hatte er der Gemeinde verschwiegen. Doch die Zeit hinter Gittern hat ihm offenbar gutgetan, denn danach ist er nicht mehr rückfällig geworden.

Wenn Eckhard Schaefer von Vertretern anderer Kirchen eingeladen wurde, über das baptistische Taufverständnis zu referieren, wurde er stets an diese Begegnung erinnert. Meist wurde er wohlwollend angehört. Doch dann kam es in der Aussprache fast immer zu einem strittigen Punkt: »Bei allem Respekt für euren Weg. Schade, dass in unserer Kirche sich die Tauftheologie anders entwickelt hat. Aber: Tut ihr nicht etwas, was nur Gott zusteht, wenn ihr darüber befindet, ob jemand getauft werden soll oder nicht? Maßt ihr euch nicht an, Richter über den Glauben anderer zu sein?« Er konnte dann immer darauf hinweisen, dass die Baptisten eben nicht über den Glauben anderer befinden, sondern dass sie Menschen auf das Bekenntnis ihres Glaubens hin taufen. Sie glauben also dem Glauben der zu Taufenden.

Der Mann als Krone der Schöpfung

Das Leben eines Pastors ist nicht nur anstrengend, sondern mitunter auch amüsant. Es gibt viele Farbtupfer. Dazu eine kleine Begebenheit aus der hannoverschen Gemeinde: Ein Gemeindemitglied kam zu Eckhard Schaefer. In gutem Lutherdeutsch sagte er: »Eckhard, ich hab etwas wider dich!« »Was hast du denn?«, fragte er ihn. Seine Antwort: »Du hast eine falsche biblische Lehre im Blick auf die Frauen.« Der Pastor war ganz verwundert, denn über das Thema hatte er noch nie in der Gemeinde gepredigt. Er fragte also nach, was der Bruder konkret meinte. »Du sagst immer: ›Liebe Schwestern und Brüder‹ zu Beginn der Predigt. Du nennst also die Frauen an erster Stelle. Das ist unbiblisch.« Die Begründung des Bruders: Der Mann sei schließlich zuerst von Gott geschaffen worden. Eckhard Schaefer hakte nach. »Ist das nur dein Problem? Oder gibt es noch andere in der Gemeinde, die dasselbe Problem mit meiner Verkündigung haben?« Wenn jemand meint, so buchstabentreu mit der Bibel argumentieren zu müssen, müssten auch andere biblische Vorgaben erfüllt sein. Er machte diesen Mann darauf aufmerksam. Bei einer Klage gegen einen der Ältesten seien dann zwei oder drei Zeugen nötig (1. Timotheus 5,19). Ja, es gebe noch jemanden, hieß es. Und er nannte den Namen eines weiteren Bruders. Dazu muss man wissen, dass dieser Mann mit einer Frau verheiratet war, die zu Hause »die Hosen anhatte« und das Regiment führte. In der Südstadt-Gemeinde in Hannover gab es damals noch keine von der Gemeinde gewählten Ältesten. Deshalb bat Eckhard Schaefer diesen Bruder, für das nächste Treffen einen älteren Bruder mitzubringen, dem er vertraute.

Schließlich wollte man den Diskurs streng nach den Vorgaben des Neuen Testamentes gestalten. Dieser Älteste wurde also gefunden: Paul Abramzik. Wenig später saßen alle in Eckhard Schaefers Büro. Der ihm kritisch gesinnte Bruder und sein Mitstreiter trauten sich schon fast nicht mehr, dem Pastor ins Gesicht zu gucken. Sie hielten ihre Gesichter geneigt. »Sagt bitte, was ihr an Klage gegen mich vorbringen wollt«, ermutigte er die beiden. »Dass du eine falsche Lehre über die Frauen hast«, hieß es. Sie erläuterten noch einmal ausführlich den Sachverhalt. Da schaltete sich Paul Abramzik ein: »Mir kommt gerade ein Gedanke. Wenn du irgendwo zu Besuch bist, wer geht zuerst durch die Tür, du oder deine Frau? Oder wenn ein Ehepaar bei euch zu Gast ist, wem gibst du zuerst die Hand, dem Mann oder der Frau?« Die Antwort: »Der Frau natürlich, aus Höflichkeit.« Daraufhin Paul Abramzik: »Vielleicht ist auch die Predigtanrede von Eckhard nicht so sehr aus theologischer Sicht gewählt, sondern ebenfalls aus Höflichkeit.« »Ja«, pflichtete Eckhard Schaefer ihm bei. Er merkte, wie es langsam in dem Beschwerdeführer arbeitete. Und schließlich sagte er: »Paul, ich danke dir, dass du mir die Augen geöffnet hast. Mir ist klar geworden, dass ich mein Verhalten ändern muss.« Nach einer kurzen Pause fügte er hinzu: »Ich werde in Zukunft immer zuerst durch die Tür gehen und dem Mann zuerst die Hand geben. Das ist der biblisch richtige Weg.«

Auch wenn ein Prediger des Evangeliums es nicht immer leicht hat, so machen solche Erlebnisse das Predigerleben doch immer wieder abwechslungsreich.

Furchtbar einfach oder einfach furchtbar?

Pastor Dr. Heinrich Christian Rust aus Braunschweig hat bereits als Jugendlicher Eckhard Schaefer kennengelernt. Später haben sich ihre Wege immer wieder gekreuzt, in der Gemeinde Hannover-Süd, im Bundesdienst und in der Geistlichen Gemeinde-Erneuerung. Pastor Rust hält fest: »Das soll er also sein. In der vorderen Reihe des neuen Gemeindezentrums in Hannover sehe ich ihn. Ein freundlicher Mann mit dunklen Haaren und einem breiten Lächeln. Immer einmal wieder hatten wir von ihm gehört; unsere Heimatgemeinde Bückeburg war ja nicht so weit weg. Er soll gut predigen können und auch ein Herz für die jungen Leute haben. Und dann haben wir natürlich auch von der Teestube gehört, die er mit den jungen Leuten aus Hannover gestartet hat. Das alles hat mich sehr interessiert. Ich war etwa 16 Jahre, als ich Eckhard Schaefer das erste Mal erlebte. Wir haben ihn besucht in seiner ›Südstadt-Gemeinde‹.

Einige Jahre später schlossen meine Frau Christiane und ich uns dieser Gemeinde an, weil wir nach Hannover gezogen waren. Immer wieder habe ich Schäfers Predigten geschätzt. Sie waren humorvoll, tiefsinnig und regten mich zum Nachdenken an. Ganz typisch für ihn war seine sprachliche Akrobatik. Aus seiner semantischen Schmiede kamen etwa solche Sprüche wie ›Entweder ist es im Leben alles furchtbar einfach oder es ist einfach furchtbar!‹ Damit deutete er an, dass für ihn das Leben in der Nachfolge Jesu auch etwas von einer Schlichtheit und Einfachheit hat. So habe ich ihn auch erlebt und schätzen gelernt. Gott hat ihn reich begnadet und mit vielen Talenten und Gaben ausgerüstet, aber er hat sich damit nicht herausgestellt, sondern er war immer bereit, damit zu dienen.

Zu diesen Gaben gehört auch die Fähigkeit, andere Menschen zu ermutigen und ihnen in der Seelsorge beizustehen. Eckhard Schaefer war auch in dem Gespräch zugegen, als die Vereinigungsleitung des Landesverbandes Niedersachsen der Evangelisch-Freikirchlichen Gemeinden mich 1978 anfragte, ob ich als Vereinigungsjugendpastor meinen Dienst dort aufnehmen könnte. Viele Ideen und auch Hoffnungen wurden laut ausgesprochen und ich dachte: Wie soll ich das bloß alles schaffen? Er schaute dann etwas schmunzelnd zu mir herüber und sagte: ›Weißt du, eigentlich wünsche ich mir, dass du die jungen Leute so für Jesus begeisterst, dass sie zum Sündigen gar keine Zeit mehr finden!‹ Wenngleich auch dieser Anspruch ungeheuer hoch war, so hat er mich doch in den Jahren meines Dienstes dort sehr beflügelt.

Eckhard Schaefer gehört auch zu den Menschen, die in mir eine Offenheit für das charismatische Wirken des Heiligen Geistes gefördert haben. Ich hatte das Vorrecht, von Anfang an bei allen Tagungen und Konferenzen des 1975 gegründeten Arbeitskreises ›Gemeinde und Charisma‹ (später ›Charisma und Gemeinde‹ bzw. ›Geistliche

Gemeindeerneuerung im Bund Evangelisch-Freikirchlicher Gemeinden‹) dabei zu sein. Gerne habe ich mit ihm zusammen Gebetsgruppen oder Segnungsgruppen geleitet. Sehr oft habe ich erlebt, wie der Geist Gottes uns in dieser feinen unnachahmbaren Weise führte und wie Eckhard Schaefer und ich ohne viele Worte die Linien erkennen konnten. Manchmal schauten wir uns nur kurz an und hatten uns verständigt, was ›dran‹ war.

Eckhard Schaefer hat auch dazu beigetragen, dass ich die Natürlichkeit alles Heiligen erkennen konnte. Der Schöpfergott ist eben kein anderer Gott als der Erlösergott! So haben wir auch in manchen sehr heiligen Momenten oft herzlich gelacht und manchmal auch geweint. Die Arbeit vom Arbeitskreis ›Gemeinde und Charisma‹, und besonders auch Eckhard Schaefer als Seelsorger und Prediger haben in den 70er- und Anfang der 80er-Jahre erheblich dazu beigetragen, dass die Impulse der neu aufkommenden charismatischen Bewegungen in den Gemeinden unserer Benennung sorgfältig aufgenommen, reflektiert und integriert werden konnten.

1985 wurde ich in die Bundesleitung gewählt und habe in den folgenden 18 Jahren in unterschiedlicher Konstellation auch auf der Bundesebene mit ihm zusammengearbeitet. Besonders intensiv war die Zusammenarbeit in den Jahren von 1996 bis 2000, in der wir gemeinsam im Bundesmissionshaus in Bad Homburg arbeiteten. Eckhard Schaefer war als Generalsekretär mein unmittelbarer Vorgesetzter, wenngleich ich ihn nie als einen solchen empfunden habe. Er gab mir in meiner Verantwortung in der Heimatmission einen sehr großen Freiraum und begleitete mich mit ermutigenden und auch notwendigen kritischen Worten. Sicher war ich ihm manches Mal vielleicht zu unbedacht, wenn ich Impulse aus anderen geistlichen Bewegungen auch für unsere Bundesgemeinschaft aufnehmen wollte. Ich habe ihn in diesen Jahren jedoch immer offenherzig, ehrlich und aufbauend erlebt.

Heute gehört er immer noch zu den Menschen, deren Rat ich gerne höre und einhole, wenn ich geistliche Orientierung brauche. Er ist für mich so etwas wie eine Mischung aus einem geistlichen Vater, einem Freund, einem Seelsorger, einem Mentor oder auch einem Bruder. Er hat wesentlich dazu beigetragen, dass ich meinen heutigen Dienst als Gemeindepastor und in der verantwortlichen Mitarbeit bei der Geistlichen Gemeinde-Erneuerung sehr gerne tue. Wenn Jesus dabei ist, dann ist eben alles irgendwie ›furchtbar einfach‹.«

»Meine Freunde bleiben hier«

An die Zeit mit Eckhard Schaefer in Hannover erinnert sich Pastor Werner Rosemann: »Er und ich begegneten uns 1970. Ich kam aus München nach Hannover. Er war ein wunderbarer Kollege. Ich kann mich in der achtjährigen Zusammenarbeit an keinen Moment der Spannung zwischen uns erinnern. Das wäre auch dumm gewesen von mir. Es wird mir nachgesagt, ich hätte in der Gemeindeleitung damals den Rat gegeben, als es einige Irritationen beim Bau in der Südstadt gab: ›Streitet euch nicht mit Eckhard: Er ist zu klug!‹ ›Sagen und Bewegen‹ war ein Motto des verstorbenen Bundespräsidenten Johannes Rau. Wenn ›Sagen und Bewegen‹ identisch sind und aus derselben Quelle kommen, nämlich aus der Quelle des Evangeliums, dann ist das wunderbar. So ist das bei Eckhard Schaefer. Er hat viel zu sagen und er hat viel bewegt. Und alles kommt aus Gott und gilt dem Reich Gottes. Alles an Eckhard ist ehrlich. Auch seine Herzlichkeit und Freundlichkeit. Er gewinnt nicht nur intellektuell, er gewinnt die Herzen. Wenn man in den hannoverschen Gemeinden jemanden nach ihm fragt, dann leuchten die Gesichter auf.

Einmal kam in eine Zeltmissionsversammlung die Straßengang ›Die wilden Engel‹. Sie wurden während der Predigt unruhig, störten immer mehr, und schließlich fuchtelte einer mit einer Bierflasche herum. Der Evangelist konnte nicht weitersprechen und forderte die Ordner auf, den Störer aus dem Zelt zu schicken. Jetzt drohte die Situation zu eskalieren. Zwei Ordner gegen acht oder zehn aufgeladene junge Rowdys! Es wurde gefährlich. Da stand Eckhard Schaefer auf, ging zum Pult und sagte ganz laut: ›Meine Freunde bleiben hier!‹ Schlagartig kehrte Ruhe ein. Nur einer aus der Gruppe rief: ›Der Schaefer soll jetzt reden!‹

Ich habe, so oft ich dazu Gelegenheit hatte, Eckhard Schaefer bei seinen Predigten sehr gerne zugehört. Sie basieren immer auf einem Bibeltext, sind fesselnd, oft originell, bringen neue Einsichten und vermitteln die Freude an Gott.

Wenn nach Martin Luthers Meinung der Humor der ›Doktorhut des Glaubens‹ ist, dann hat Eckhard diesen Doktorhut bestimmt verdient. Dafür noch ein Beispiel aus seiner Zeit in Hannover: Bei der 25-Jahr-Feier der christlichen Drogenrehabilitationsarbeit ›Neues Land‹ war er der Festredner, kam aber erst am Schluss dran. Und die Justizministerin, Heidrun Merk, die vorher gesagt hatte, dass sie nur kurz bleiben könne, hörte gebannt bis zum Ende der Predigt zu und ließ ihren Chauffeur und alle anderen Termine warten. Sie wurde belohnt dafür, denn er sprach vom Glauben und davon, wie wichtig dieser gerade dann sei, wenn die Finanzlage schwierig werde. Und er erzählte von einem Zettel, der während einer Bundesleitungssitzung herumgereicht wurde: ›Auch mit leerem Beutel macht das Känguru noch weite Sprünge!‹ Ich bin für eine 35-jährige ungetrübte Freundschaft dankbar. Sie bedeutet mir sehr viel.«

14. Persönliche Erfahrungen im Pastorendienst

Früher trug Eckhard Schaefer nur bei Taufen einen Talar. Zu allen anderen Veranstaltungen ging er im Anzug. An einem Samstag hatte er in einem Nachbarort von Hannover einmal eine Beerdigung zu halten, drei Stunden später musste er zu einer Trauung. Beim ersten Termin trug er einen schwarzen Anzug mit schwarzer Krawatte. Bei der Weiterfahrt hielt er auf einem Rastplatz kurz an, um sich die schwarze Krawatte abzubinden und die silberfarbene anzulegen. In dem Augenblick fühlte er sich auf einmal geistlich angefochten. »Was machst du da eigentlich? Schlüpfst du beim Wechseln der Krawatte in eine andere Haut?«, fragte er sich. »Spielst du je nach Anforderung eine Rolle?« In dem Augenblick wurde er aber durch ein Bibelwort getröstet, das ihm in den Sinn kam: »Freut euch mit den Fröhlichen und weint mit den Weinenden« (Römer 12,15).

Wenn Gott ruft

Lob macht Eckhard Schaefer bis heute verlegen, denn er kennt auch »Täler und Anfechtungen« in seinem Dienst. Von seiner Großmutter hatte er gelernt: Vor den Menschen bist du ein Adler, aber vor Gott nur ein Bettelmann. Eine Erfahrung kann hier stellvertretend genannt werden: An einem Samstag während seiner Stillen Zeit erinnerte ihn Gott an einen Mann, der im Krankenhaus lag. Jahrelang brachte er seine Frau zum Gottesdienst, kam aber selbst nie. Vier Wochen vorher hatte der Pastor ihn besucht. Bei diesem Besuch konnte er mit ihm beten, und der Mann vertraute sein Leben und seine Zukunft Jesus Christus an. Nun erhielt Eckhard Schaefer den Impuls, er solle ins Krankenhaus fahren, um den Mann erneut zu besuchen. Er wusste für sich ganz sicher: Diesen Besuch sollte er unbedingt machen. Doch er verschob den Besuch vom Vormittag auf den Nachmittag. Und am Nachmittag spielte in der Fußballbundesliga Hannover 96. Immer wenn die Mannschaft ein Tor erzielte, konnte man den Torschrei auch auf dem Gemeindegrundstück hören. So auch an diesem Samstag. Gelegentlich ging er zur zweiten Halbzeit mit dem Hausmeister ins Niedersachsenstadion, weil da zu diesem Zeitpunkt der Eintritt umsonst war. So auch an diesem Tag. Am Samstagabend nahm er sich schließlich vor, den Krankenbesuch am Sonntag nachzuholen. Doch schon um sechs Uhr morgens klingelte das Telefon. Die Frau des Kranken war am Apparat und teilte ihm mit, dass ihr Mann in der Nacht gestorben war. Da saß er nun mit seinem Theologen-Latein. Er wollte an diesem Sonntag über die damalige Jahreslosung predigen: »Weise mir, Herr, deinen Weg, dass ich wandle in deiner Wahrheit« (Psalm 86,11). Dabei wollte er der Gemeinde klarmachen, wie man Gottes Stimme hört. Doch er selber spürte nun eine große Bürde, weil er ja Gottes Reden nicht ernst genommen hatte. Was macht man da als Pastor? Er rief den Gemeindeältesten an und teilte ihm mit, dass er nicht predigen könne. Er schilderte ihm dann die Erfahrungen des letzten Tages. Dieser reagierte sehr weise: »Du wirst predigen – eine Predigt unter Anfechtungen, aber du wirst nicht kneifen.« Dann kam ein großer Trost, als er noch kurz vor dem Gottesdienst die Frau des Verstorbenen traf. »Sicher, es wäre nicht schlecht gewesen, wenn Sie meinen Mann noch einmal besucht hätten«, sagte sie ihm. Doch ihr Mann sei in Frieden gestorben. Er, Eckhard Schaefer, hätte ihm zu einem Leben mit Gott verholfen. »Mir haben diese Sätze Mut gemacht, Gottes Wort an diesem Sonntag auszulegen. Zuallererst mir selbst«, erinnert er sich.

»Trachtet zuerst nach dem Reich Gottes«

Das ist eines von Eckhard Schaefers Lieblingsworten in der Bibel. Allerdings ist dieser Vers aus Matthäus 6,33 auch ein schmerzliches Wort für ihn. Nach 30 Dienstjahren als Pastor haben ihm seine drei Töchter unabhängig voneinander zu unterschiedlichen Anlässen und offenbar nicht abgesprochen gesagt: »Vater, wenn wir dich brauchten, als wir klein waren, warst du nicht da. Du hattest Zeit für andere, für uns oft nicht.« Die Anlässe, zu denen ihm die Kinder das sagten, waren Orientierungsphasen in ihrem Leben. Die Kinder haben ihm in diesen Gesprächen aber auch gesagt, wofür sie ihm dankbar waren, an was sie sich positiv erinnerten. Er fühlte sich dann nicht so, als ob er nur auf der Anklagebank sitzen würde. Aber neben der Einsicht, dass er seine Anteile an ihren inneren Auseinandersetzungen und Problemen hatte, fühlte er sich erneut auch geistlich angefochten. »Ich habe mein Leben lang doch immer nur Gutes für meine Familie gewollt«, sagte er sich. Doch dabei hat er einsehen müssen, dass Gutes wollen und Gutes tun nicht dasselbe ist. Er fühlte sich deshalb gleich mehrere Tage lang geistlich angefochten wegen des Bibelverses aus Matthäus 6,33. Diese Aufforderung ist ja mit einer Verheißung verknüpft: »... so wird euch das alles zufallen.« Er erwartete von Gott, dass dazu auch sein wachendes Auge über den Lebensweg der Kinder, deren Partner und die Wahl des richtigen Berufes gehört sowie ihr körperliches und seelisches Wohlergehen. Erst nach vielen Jahren ist ihm schließlich deutlich geworden, dass er ein sehr verkürztes, eingeschränktes und eingeengtes Bild vom Reich Gottes hatte. Reich Gottes bedeutete für Eckhard Schaefer Evangelisation, Mission, Diakonie und Gemeindedienst. Erst später hat er gelernt, dass auch die Übernahme von Verantwortung für die eigene Familie Gottesdienst ist.

Geahnt hatte er das bereits früher, als die Töchter noch klein waren. Da erhielt die Familie einen Brief vom Gesundheitsamt, eine Einladung zur Röntgenuntersuchung. Im Rahmen der Teestubenarbeit hatte die Familie jemanden beherbergt, bei dem eine offene Tuberkulose diagnostiziert worden war. Als er dann mit den beiden Kindern zum Gesundheitsamt ging, sagte ihm seine Frau sehr bestimmt, dass er eigentlich nicht hätte heiraten dürfen, wenn er so weiterarbeiten wolle. Das war für ihn nicht nur das Wort seiner Frau, sondern zugleich auch eine Mahnung des himmlischen Vaters, der ihm sagen wollte: Wenn du eine Familie hast, dann hast du auch ein stellvertretendes Mandat, dort Verantwortung zu übernehmen. Zum Glück hatten sich die Kinder nicht angesteckt. Sie hatten keine Tuberkulose. Darüber freute er sich damals, aber dennoch veränderte er sein Verhalten seiner Familie gegenüber nicht grundsätzlich. Das Reich Gottes – wie er es verkürzt verstand – hatte Vorfahrt.

Barmherzigkeit statt Dogmatik

Früher war Eckhard Schaefer klar, was ein Christ oder ein Baptist ist: einer, der nicht raucht, nicht hurt, nicht tanzt, nicht ins Kino geht. Aber das war eine Definition durch Abgrenzung und nicht durch Aussagen, was das Leben eines Christen positiv auszeichnet. Damals hat er ab und zu über manch anderen Christen die Nase gerümpft und sich angesichts seines Verhaltens ernsthaft gefragt, wie man sich so gehen lassen kann. Er fühlte sich vielen Mitchristen moralisch überlegen. Eine Tagung zum Ende seiner Zeit bei den Rufern in Dassel wurde ihm zu einer geistlichen Sternstunde, die auf dem Gebiet ein Umdenken einleitete. Allerdings war sie verbunden mit einer sehr demütigenden Erfahrung. Es ging um einen Beichtspiegel im Licht der Zehn Gebote. Durch das Nachdenken über Gottes Ordnung fühlte er sich von Gott buchstäblich in die Mangel genommen. Er hatte schließlich immer korrekt geglaubt und sich für das Reich Gottes eingesetzt. Nun zeigte ihm Gott, dass es nicht nur um Tatsünden geht, sondern dass alle Menschen – auch die Christen – im innersten Personenkern Sünder sind: »Ich habe innerlich mit Gott gerungen und ihn darauf hingewiesen, dass ich mich bemüht hatte, die Gebote zu halten.« Beim Nachdenken über die Zehn Gebote merkte er jedoch: »Du hast zwar noch nicht konkret gegen alle Gebote verstoßen, aber du bist zu allem fähig!« Mit dieser Diagnose musste er Gott recht geben und erfahren, was Paulus so beschreibt: »Das Gute, das ich will, das tue ich nicht; sondern das Böse, das ich nicht will, das tue ich. Ich elender Mensch! Wer wird mich erlösen von diesem todverfallenen Leibe?« (Römer 7,19.24).

Während dieser Woche lernte Eckhard Schaefer, dass Barmherzigkeit Vorrang vor Dogmatik hat. Der Rufer-Arbeit verdankt er die Erkenntnis, dass das Christsein auch Freude und Spaß machen kann. Doch auch viele andere seelsorgerliche Erkenntnisse kamen hinzu. Das Anliegen der Rufer-Arbeit war: Menschen sollten Christen werden, und Christen sollten Christen bleiben. Ihm wurde aber auch klar: Christen sollten Menschen werden. Notwendig war dafür eine wichtige Basiserfahrung, nämlich die Abkehr von den Götzen und die Hinwendung zu dem wahren und lebendigen Gott (vgl. 1. Thessalonicher

1,9). Anschließend könnte dann gemeinsam mit Gott eine zweite Bekehrung zur Natürlichkeit erfolgen.

Die Erfahrung, dass in ihm nichts Gutes wohnt, hat ihn in die Arme Gottes, des liebenden Vaters, getrieben. Die Grunderfahrung hat ihm später geholfen, für manche gescheiterten Menschen ein verständnisvoller und barmherziger Seelsorger zu werden. In seiner Verkündigung gab es allerdings für Gottes Ordnungen keinen Rabatt. Da wollte er Zuhörern eben nicht sagen, was sie gerne hören wollten, sondern was sie hören mussten. Der Pastor gebraucht gerne ein Beispiel, um das zu verdeutlichen: »Wenn ich Fahrlehrer wäre, dann unterrichtete ich natürlich die Verkehrsregeln: rechts vor links, kein Alkohol am Steuer, ohne Ausnahme; aber wenn ich abends eine Straße entlangführe und fände einen ehemaligen Fahrschüler verletzt in einem verunglückten Autowrack, dann wäre es für mich keine Frage, wen ich zuerst rufen würde, die Polizei oder den Arzt. Natürlich würde ich zuerst den Arzt rufen. Ich würde auch nicht fragen, wer den Unfall verschuldet hätte.« Wenn einer an Gottes Ordnung gescheitert ist, gilt die Barmherzigkeit. Allerdings gilt auch das: Man muss nicht in jedem Dreck selber gesteckt haben, um zu wissen, wie sich ein Mensch in solch einer Lage fühlt.

15. Visionen und Gemeindewechsel

Wie schon deutlich wurde: Eckhard Schaefer wurde durch die Rufer-Arbeit geistlich geprägt. Diese Bewegung hatte ein besonderes Kernthema: Ich möchte im Zentrum des Willen Gottes leben. Dazu gehörte natürlich auch die Frage: Wie erlebe ich Gottes Führung? Er war – wie auch viele andere Angehörige der Rufer-Arbeit – davon überzeugt, dass dazu ein geschultes Ohr notwendig ist, entsprechend dem Bibelwort von Jesus Christus: »Meine Schafe hören meine Stimme« (Johannes 10,27). Auch Eckhard Schaefer hat Gott immer wieder im Gebet gefragt: Was willst du Herr, dass ich tun soll?

Bei seiner Berufung als Pastor nach Hannover und dann auch beim Wechsel von Hannover nach Bremen hat er nicht nur nach dem Willen Gottes gefragt, sondern er hat Gottes konkrete Führung in ganz besonderer Weise sehr konkret erlebt.

In Hannover war es für ihn üblich, alle drei Jahre gemeinsam mit den Ältesten der Gemeinde eine Zwischenbilanz zu ziehen. Durchaus kritisch wurde ein Blick auf die Arbeit des Pastors geworfen. Es wurden Fragen diskutiert wie: Gibt es noch eine Perspektive zur Weiterarbeit? Kann der Pastor noch etwas bewegen oder kann er nur noch den Status quo verwalten? Es war nämlich keine Selbstverständlichkeit, in einer Gemeinde des Bundes Evangelisch-Freikirchlicher Gemeinden über einen so langen Zeitraum Pastor zu sein. Manche Pastoren wechselten damals nach fünf Jahren, andere nach acht Jahren. Daran hat sich bis heute wenig geändert. Schaefer war indes schon 16 Jahre in Hannover. Doch das Ergebnis dieser Gespräche mit den Ältesten war für ihn immer dasselbe: Du gehörst hier hin. Hier gibt es noch Aufgaben und offene Türen für dich. In dem Rat der Brüder erkannte der Pastor auch den Willen Gottes für sich.

Eine Vision und die Folgen

Obwohl er sich in der charismatisch geprägten Geistlichen Gemeinde-Erneuerung – damals firmierte die Bewegung noch als Arbeitskreis »Charisma und Gemeinde« – engagierte, gehörte er nach eigenen Worten »nicht zu denen, die laufend Visionen oder Bilder haben«. Rückblickend meint er jedoch, dass er in Hannover innerlich so stark verwurzelt war, »dass Gott ein schweres Geschütz auffahren musste, um mich dort wegzukriegen«. Und das geschah dann auch.

Es war ein Montagmorgen. Wie an jedem Tag ging Eckhard Schaefer von seinem Wohnhaus, das sich auf dem Gelände der Gemeinde befand, ins Büro im Gemeindezentrum, einem modernen roten Backsteinbau mit einer durchaus eigenwilligen Architektur. Auch nach Jahren des Dienstes freute er sich am äußeren Erscheinungsbild des Gemeindezentrums. Die Sonne schien und er summte froh gelaunt das Lied »All Morgen ist ganz frisch und neu« vor sich hin. Und während er auf das Gemeindehaus zuging, hatte er ein einschneidendes Erlebnis. »Ganz real«, wie er bis heute meint. Denn auf einmal sah er nicht mehr den roten Backsteinbau vor sich, sondern ein schlichteres Gemeindehaus mit weiß verputzten Wänden und einem Satteldach. Und er sah, wie er selber dort auf der Kanzel stand und predigte. Ihm wurde klar: Das ist die Kreuzgemeinde in Bremen. Das Gemeindehaus kannte er, denn drei Jahre zuvor hatte er dort Bibelabende gehalten. Dieses Erlebnis bewegte ihn für einen Moment innerlich stark. Seine Gefühle überschlugen sich: »Es überkam mich eine große Traurigkeit«, erinnert er sich. Und plötzlich war das weiße Haus fort. Er hatte den Blick wieder frei, und natürlich stand er wieder vor dem roten Gemeindehaus in der Hildesheimer Straße in Hannover.

Im Vergleich zum statistischen Mittel seiner Kollegen im Bund Evangelisch-Freikirchlicher Gemeinden war Eckhard Schaefer zu jenem Zeitpunkt doppelt bis mehr als dreimal so lange Pastor in einer Ortsgemeinde. Das führte natürlich dazu, dass er von vielen Gemeinden, die einen neuen Pastor suchten, auch eine Anfrage erhielt, ob er nicht zu ihnen wechseln wolle. In der Regel lehnte er solche Anfragen höflich, aber bestimmt, ab. »Ich weiß mich von Gott hier in Hannover noch gebraucht.« Als er nun diese Vision hatte, erhielt er noch am selben Abend einen Anruf aus Bremen. Der Gemeindeälteste Fritz Albers war am anderen Ende der Leitung. Er wollte wissen, ob bei dem Pastor eine Offenheit bestünde, über einen Gemeindewechsel nachzudenken. Es war für den Angerufenen das erste Mal, wo er nicht sofort am Telefon Nein sagte. Er suchte daraufhin das Gespräch mit den Ältesten seiner Gemeinde in Hannover-Süd, denen er von seiner ungewöhnlichen Vision erzählte. Sie teilten seine Auffassung, dass das Erlebnis durchaus nachdenkenswert gewesen sei. Sie meinten aber, es könne sich auch um eine Art Gedankenübertragung gehandelt haben, also nicht zweifelsfrei um einen Hinweis Gottes. Sie seien außerdem davon überzeugt, dass er als Pastor in Hannover gebraucht würde. Diese Hinweise hörte er durchaus gerne, denn sie deckten sich mit seinen eigenen Empfindungen. Er räumt heute ein: »Ich wollte in Hannover bleiben.« Die Folge: Er schrieb nach Bremen einen Brief – und sagte ab.

Dennoch hatte dieses Erlebnis Folgen. Es veränderte das geistliche Leben von Eckhard Schaefer – eine Folge der Vision. Immer, wenn er nun auf der Kanzel stand und über Fragen des Gehorsams gegenüber Gott predigte, hatte er ein schlechtes Gewissen. »Dann lief in meinem Kopf eine Schallplatte ab: Du bist selber nicht gehorsam gewesen.« Er wollte sein Gewissen gerne beruhigen. Deshalb dachte er weiter über die Bremen-Option nach. Doch nun hatte er ein echtes Dilemma. Er wollte nicht von sich aus noch einmal nach Bremen schreiben und sich anbieten, nach dem Motto: »Ich habe es mir anders überlegt.« In seinem ersten Schreiben, in dem er abgesagt hatte, hatte er die Bremer Baptisten nämlich ermutigt, sie sollten sich frei fühlen, doch jemand anderes zu berufen. Also wartete er ab. Nach drei oder vier Monaten erhielt er tatsächlich wieder eine Anfrage aus Bremen. Unerwartet. Man wolle noch einmal nachhaken, ob er bei seinem Nein geblieben sei oder ob er es sich nicht noch anders überlegt habe. Er sagte daraufhin spontan zu: »Ich komme nach Bremen.«

Normalerweise gibt es Vorgespräche, einen Vorstellungstermin, eine Probepredigt und dann eine Abstimmung in der Gemeinde. Nun war wieder einmal alles anders, denn Eckhard Schaefer gab den Gemeindeältesten in Bremen bereits seine Zusage, bevor er diese Berufungsprozedur durchlaufen hatte. Er war sich sicher, dass die spätere Abstimmung natürlich entsprechend positiv ausgehen und er Pastor in Bremen werden würde. Dann informierte er die Ältesten in Hannover über seine Entscheidung. Ihnen war nun auch klar, dass sie den Weg ihres Pastors akzeptieren mussten. Es gab für ihn kein Zurück mehr.

Eine zweite Vision als Bestätigung

Doch auch die Gemeinde sollte nun von dem bevorstehenden Wechsel erfahren – möglichst aus erster Hand und nicht aus der Gerüchteküche, die auch in Baptistengemeinden durchaus kräftig brodelt. In einem Abendgottesdienst sollte die Gemeinde über den Wechsel informiert werden, und auch dort kam es zu einer weiteren, ungewöhnlichen geistlichen Bestätigung. Noch bevor die Gemeinde vom Ältestenkreis über die Entscheidung ihres Pastors informiert wurde, stand ein Gemeindemitglied auf und berichtete von einem geistlichen Bild. Er beschrieb eine Sonnenblume, die ganz tief verwurzelt war. Sie wurde ausgegraben und umgetopft. Um die Blume herum standen in einem Garten traurig aussehende Menschen, die von den Ältesten getröstet wurden. Und er habe sich gefragt, warum der Pastor der Gemeinde nicht dabei sei. In dem Moment ging der Gemeindeleiter nach vorne, um die Gemeinde darüber zu informieren, dass ihr Pastor nach Bremen wechseln würde. Alle, die dabei waren, wussten: Hier hatte Gott gesprochen. So konnte die dem Pastor über die vielen Jahre so lieb gewonnene Gemeinde konkret und praktisch miterleben, wie Gott seine Mitarbeiter führt.

Von diesem Gottesdienst ist Eckhard Schaefer bis heute tief beeindruckt. Er sagt: »Das war bei den vielen Bildern, die es sonst in der charismatischen Szene gibt, ein echtes.« Und der junge Mann, der diesen Eindruck weitergegeben hatte, war Heinrich Christian Rust, damals noch Theologiestudent, heute ein Kollege von ihm und Sprecher der Geistlichen Gemeinde-Erneuerung in der Freikirche.

Der Prozess der Abnabelung aus Hannover fiel Eckhard Schaefer nicht leicht. Die Gemeinde bat ihn, noch 15 Monate zu bleiben. Er sollte bestimmte Aufgaben zu Ende führen. Im Rückblick sagt er, dass dieser Zeitraum zu lange war. Jeder Hausbesuch und jedes Treffen wurde zu einem Abschiednehmen. Darunter habe der missionarische Gemeindeaufbau gelitten. Er habe für die Zukunft der Gemeindearbeit in Hannover keine neuen Impulse setzen können. Es war Leerlauf angesagt. Aus dieser Erfahrung hat er anderen Pastorenkollegen später immer wieder den Tipp gegeben: »Wenn ihr wisst, dass ihr wechseln wollt und sollt, dann macht es schnell.«

Wenige Tage nachdem die Gemeinde Hannover-Süd informiert worden war, stand eine Bundeskonferenz an. Auch dort hatte es sich bereits herumgesprochen, dass der Pastor nach Bremen gehen würde. In den Gesprächen auf den Gängen war sein Wechsel nach Bremen ein immer wieder gern diskutiertes Thema. Manche sprachen nicht nur über ihn, sondern – wie es sich für gute Christen gehört – auch mit ihm über diesen Schritt. Alle diese Gespräche waren durchzogen von einem eher kritischen Grundtenor: »Du kommst aus einer Aufbruchsituation und gehst nun in eine traditionelle Gemeinde, die verknöchert und wenig flexibel ist.« Eckhard Schaefer fühlte sich von solchen Äußerungen nicht angefochten. Er wusste sich schließlich von Gott so geführt. Und auch später bekannte er: »Ich habe es nie bereut, nach Bremen gegangen zu sein.« Sogar seine Fußballleidenschaft konnte in Bremen später befriedigt werden. Aus dem Fan von Hannover 96 wurde ein Fan von Werder Bremen.

Gottes Nachhilfeunterricht

So starke persönliche geistliche Erfahrungen, wie er sie beim Dienstbeginn in Hannover und beim Wechsel nach Bremen erlebt hatte, machte er später nicht mehr – auch nicht bei seinem Wechsel in den überörtlichen Bundesdienst. Da hat er schlicht in der Anfrage und im Ruf der leitenden Brüder und Schwestern den Willen Gottes gesehen.

Im Nachhinein sieht Er seine Vision von Hannover nicht als eine besondere Auszeichnung Gottes, sondern eher als eine etwas drastische Erziehung Gottes. Ihm ist deutlich geworden, »dass solche Erfahrungen Nachhilfeunterricht Gottes sind, wenn man nicht auf sein

Wort hört«. Das Hören auf die Stimme des guten Hirten muss anhand der Bibel eingeübt werden. Ausschlaggebend für diese Einsicht ist für ihn die Lektüre der Apostelgeschichte. Auch Petrus hatte dort eine Vision, in der er allerlei unreine Tiere sah, die er essen sollte. Dabei wurde ihm deutlich, dass er das Evangelium von Jesus Christus nicht nur den Juden weitersagen sollte, sondern auch den Heiden. Doch dazu hatte Jesus Christus ihn und auch die anderen Apostel ja bereits aufgefordert, als er ihnen allen den Missionsbefehl erteilt hatte. Weil Petrus aber in seinem Denken durch seine alttestamentliche Prägung festgelegt war, musste Gott ihm mit dieser Vision auf die Sprünge helfen.

Eckhard Schaefer weiß durchaus, dass sich viele Christen nach solchen Visionen sehnen und sie auch erleben wollen. Er hält dagegen: »Das sind Aufwendungen, die Gott machen muss, wenn man festgelegt ist und nicht auf sein Wort achtet.« Wichtiger. als sich nach solchen besonderen Erfahrungen zu sehnen, sei es, die Bibel zu lesen und zu kennen. Bei der Beschäftigung mit dem Bibelabschnitt aus der Apostelgeschichte ist ihm klar geworden, dass er in Hannover genauso festgelegt gewesen war wie Petrus auf seine Missionstätigkeit im jüdischen Umfeld. Für beide gab es keinen plausiblen Grund für einen Wechsel. Unter der Mitarbeit von Eckhard Schaefer erlebte die Gemeinde in Hannover einen Wachstumsschub. Und nicht nur das. Während seines gesamten Dienstes gab es nie einen Mitgliederrückgang. Jedes Jahr hatte er zusammen mit seinen Kollegen in der Gemeinde zweistellige Taufzahlen. Es gab in seinem Dienst viele offene Türen. Die Gemeinde hatte Wanderjahre hinter sich mit Veranstaltungen an acht verschiedenen Plätzen, bis endlich das eigene Gemeindehaus bezogen werden konnte. Das Gemeindeleben war für viele Menschen in Hannover attraktiv und sehr anziehend. Selten war sonntags ein Stuhl leer. Auch familiär war der Pastor rundum zufrieden. Er wohnte mit seiner Frau und drei Töchtern im gemeindeeigenen Wohnhaus und erlebte dabei die Fürsorge der Gemeinde. Die Feststellung ist nicht vermessen, dass er dort im Segen Gottes arbeitete. Und dennoch steht für ihn heute fest: »Ich war zu festgelegt.« Zu einem geistlichen Leben gehört für ihn, flexibel zu sein sowie

Gott und seinem Wort blind zu vertrauen. Dazu bedarf es dann keiner weiteren Visionen. »Ich glaube bis heute, wenn man Gott ins Sichtbare zerren will, dann vertraut man Jesus Christus nicht wirklich.«

16. Die Gemeinde in Bremen

Aus Solidarität mit den Drogensüchtigen, zu denen er durch die Arbeit der Therapieeinrichtung »Neues Land« Kontakt hatte, verzichtete Eckhard Schaefer während seines gesamten Dienstes in Hannover auf Alkohol. Freiwillig. Das war allgemein bekannt. Wenn er irgendwo vorbeischaute, setzte man ihm alkoholfreie Getränke vor. Anders in Bremen. Schon beim ersten Kontaktbesuch luden ihn die Ältesten prompt in den Bremer Ratskeller ein. Der gilt bundesweit unter Weinkennern als eine feine Adresse. Man wollte ihm damit eine besondere Freude machen. Einer der Ältesten erläuterte dann auch dem angehenden neuen Pastor die umfassende Weinsammlung des Hauses und bestellte einen guten Tropfen. »Ich habe darin einen Ausdruck der Zuwendung gesehen«, so Eckhard Schaefer heute. Ein ausgewiesener Weinkenner ist er indes bis heute nicht geworden.

Seine Familie wurde in Bremen mit viel Liebe bedacht, noch bevor sie überhaupt dort angekommen war. Da gab es in der Gemeinde zum Beispiel einen ehemaligen Landwirt, der in Fischerhude wohnte. Seine Landwirtschaft hatte er längst aufgegeben, doch er besaß noch eine größere Weide, die direkt an sein Grundstück angrenzte. Als der Mann mitbekam, dass Tochter Barbara – wie viele andere Mädchen ihres Alters – eine regelrechte Pferdenärrin war, die auf einem Reiterhof in Hannover ein Pflegepferd besaß, schaffte er gleich zwei Ponys an. »Eines gehört jetzt dir«, sagte er ihr. Und die ganze Familie staunte.

Der Start in Bremen war nicht ganz einfach, denn zunächst zog Eckhard Schaefer allein nach Bremen um. In Fischerhude wurde er sehr herzlich von der Familie Buthmann aufgenommen. Seine Frau – und manchmal auch die Töchter – besuchten ihn am Wochenende. Sie alle erwartete ein prall gefülltes Programm. Weder hatte die Frau ihren Mann für sich allein noch hatten die Kinder bei diesen Besuchen etwas von ihrem Vater, denn es gab ein spezielles Wochenendangebot. Die Mitglieder der Gemeindeleitung hatten freitags und samstags jeweils zwischen 15 und 25 Gemeindemitglieder aus ihrer Umgebung eingeladen – und die neue Pastorenfamilie dazu. Auf diese Weise lernte die Familie bald die ganze Gemeinde kennen. Eckhard Schaefer erzählte bei diesen Treffen in lockerer Runde, wie er Jesus Christus kennengelernt hatte oder welche Glaubenserfahrungen ihm wichtig waren. Auch die übrigen Anwesenden berichteten von ihrem Glauben. Für den neuen Pastor waren diese Begegnungen überaus wichtig. Vor allem die Älteren fragte er nebenbei, was ihr Lieblingslied sei, sodass er sich darüber einen kleinen Aktenvermerk schreiben konnte. Und wenn er später Geburtstagsbesuche machte, dann stimmte er in der Regel dieses von ihm aufgeschriebene Lied an. Dabei konnte er sich der Rührung der »Geburtstagskinder« sicher sein: »Solang mein Jesus lebt – wie hast du bloß gewusst, dass das mein Lieblingslied ist?« Woher er das wusste, hat er nie verraten.

Tradition als geistlicher Rückenwind

In Bremen wurde Eckhard Schaefer schnell bewusst, dass es in dem von ihm so geschätzten Gemeindeleben in Hannover durchaus auch Defizite gab. Die hatte er jedoch nicht bemerkt, weil er so eingespannt in die Gemeindearbeit gewesen war. Anders ausgedrückt: Wo Stärken sind, da gibt es immer auch Schwächen. So erreichte die Gemeinde Hannover viele Studenten und junge Leute, die in der Stadt ihre Ausbildung machten. Daraus folgte, dass es in der Gemeinde ständig eine starke Mitgliederfluktuation gab. Es kamen viele hinzu, aber nach der Ausbildung zogen viele auch wieder fort. Das statistische Durchschnittsalter lag zwischen 35 und 40 Jahren, während es in Bremen über 140 Gemeindemitglieder gab, die älter als 65 Jahre alt waren. In den letzten zwei Jahren seines Dienstes in Hannover hatte er keine einzige Beerdigung zu halten gehabt. Anders in Bremen: Dort beerdigte er gleich 14 Gemeindemitglieder in seinem ersten Dienstjahr.

In Bremen lernte er auch die Geschichte und Tradition einer Gemeinde wertzuschätzen. »Ich entdeckte, dass Tradition nicht nur Ballast ist, den man über Bord werfen muss. Traditionen sind wie die Segel bei einem Schiff: Wenn es geistlichen Rückenwind gibt, kann das Schiff Gemeinde richtig flott werden. Die Segel müssen nur richtig gespannt werden.« Mit dieser Aufgabe sah er sich in Bremen konfrontiert.

An manche Gepflogenheiten musste sich Eckhard Schaefer in Bremen erst noch gewöhnen – und die Gemeinde umgekehrt auch. Das wurde beiden Seiten bereits deutlich, als er noch nicht einmal zum neuen Pastor berufen war. Er musste in der Gemeinde, entsprechend der baptistischen Praxis, eine Vorstellungspredigt halten. Dazu trug er einen schlichten grauen Anzug. Das war neu für die Bremer, weil es dort ungeschriebenes Gesetz war, dass der Pastor einen schwarzen Anzug trug. In der Mitgliederversammlung nach dieser Predigt war das für ein Mitglied dann auch prompt ein Anlass, sich weniger mit dem Inhalt der Predigt zu beschäftigen als mit der für ihn wesentlicheren Frage, ob der Prediger etwa auch künftig im grauen statt im schwarzen Anzug auf die Kanzel steigen würde. Der Vertreter der Gemeindeleitung ließ die Gemeinde darüber nicht im Unklaren: »Wenn ihr ihn wollt, müsst ihr ihn auch im grauen Anzug akzeptieren. Denn es kommt nicht auf die Verpackung, sondern auf den Inhalt an.« Trotz des grauen Anzugs wurde Eckhard Schaefer schließlich einstimmig zum neuen Pastor berufen.

Zum Dienstbeginn eingeschneit

Gastfreundschaft wurde und wird in Bremen großgeschrieben. Das erlebten viele Hannoveraner und auch der Gemeindechor, die zum Einführungsgottesdienst Anfang Februar 1979 nach Bremen gekommen waren. Und auch Eckhard Schaefer machte eine ganz praktische Erfahrung in Sachen Gastfreundschaft. Die Arbeit sollte für ihn mit einem Treffen der Ältesten beginnen. Während der Sitzung schneiten jedoch Bremen und die ganze Umgebung ein. Er konnte abends nicht in seine Wohnung gelangen. Was tun? Vier Tage lang war die Straße nach Fischerhude wegen der Schneemassen unpassierbar. So konnte der neue Pastor gleich zu Beginn seines Dienstes die Gastfreundschaft eines Ältesten, Karl Söhlke, und die Kochkünste von dessen Ehefrau genießen. Er blieb so lange bei dem Ehepaar wohnen, bis der Schnee zur Seite geräumt worden war.

An eine Begebenheit aus jener Zeit erinnert sich der Pastor noch gut. Seine Tochter Antje war damals 12 Jahre alt. Bei einem Wochenendbesuch bekam sie mit, wie ihr Vater sich Mühe gab, die Namen der

Gemeindemitglieder auswendig zu lernen. Sie waren gerade auf der Stadtautobahn unterwegs und fuhren an dem einzig städtebaulichen Schandfleck in der sonst schönen Stadt Bremen vorbei, nämlich an hohen Wohnsilos im Stadtteil Tenever, die in den 60er-Jahren aufgrund der damals knappen Wohnungsnot gebaut worden waren. Antje hatte einen Vorschlag parat: »Papa, wäre es nicht schön, wenn die ganze Gemeinde in so einem Hochhaus wohnen würde? Du könntest alle viel schneller besuchen. Und wir hätten jeden Tag mit allen Kindern Sonntagsschule. Wenn einer krank ist, holt ein anderer für ihn die Brötchen.« Sie war regelrecht begeistert von ihrer Idee, die Gemeinde in ein Hochhaus zu verwandeln – und der Vater wagte es nicht, dieser kindlichen Begeisterung zu widersprechen. Er dachte: »Soll ich sie aufklären, wie es wohl zugeht, wenn die Gemeinde sieben Tage in der Woche unter einem Dach leben würde?« Für ihn jedenfalls war dies keine paradiesische Perspektive.

Weiter verwurzelt in Hannover

Auch viele Monate nach seinem Dienstbeginn in Bremen war der nun nicht mehr so ganz neue Pastor immer noch tief mit Hannover verwurzelt. Die Gemeinde musste das schmerzlich erfahren, wenn Eckhard Schaefer eine Freud'sche Fehlleistung passierte. Und das war durchaus oft der Fall. Nach der ersten Taufe begrüßte er die neuen Gemeindemitglieder in der Gemeinde »Hannover«. Auch bei den Bekanntmachungen im Gottesdienst geschah es immer wieder, dass er offenbar etwas die Orientierung verloren hatte: »Hier in unserer Gemeinde in Hannover werden wir ...« Und selbst in einem Freiluftgottesdienst im Bremer Bürgerpark begrüßte er die Gäste in der »Eilenriede«. Das ist ein Grüngürtel in Hannover. Nach einem Jahr meinten die Ältesten, dass die »Schonfrist« nun bald vorbei sei.

Die Geduld, die die Bremer mit ihrem Pastor hatten, zahlte sich schließlich aus. »Heute fühle ich mich stark mit den Bremern verbunden«, bekennt er offen. Als es dann um die Frage ging, wo das Ehepaar Schaefer seinen Ruhestand verbringen würde, kümmerten sich die Bremer darum, eine passende Wohnung zu finden. Über Monate hat das Gemeindemitglied Annette Kremer alle Wohnungsanzeigen gesichtet und damit eine Aufgabe wahrgenommen, die die Schaefers selbst, die damals in Bad Homburg lebten, nicht hätten wahrnehmen können. »Die zwölf Jahre im Bundesmissionshaus und der damit verbundene Wohnwechsel nach Bad Homburg war für die Geschwister in Bremen nur eine Unterbrechung«, so die Einschätzung von Eckhard Schaefer.

Vergessene und verlegte Predigtmanuskripte

Bodo Riedel war Gemeindeleiter in der Kreuzgemeinde in Bremen, als Eckhard Schaefer dort Gemeindepastor war. Ihm sind vier Erlebnisse mit dem Prediger in besonderer Erinnerung: »Eckhard Schaefer zu begegnen, das ist immer eine spannende Sache. Ich hatte dieses Vorrecht vor allem während seiner Zeit als Bremer Gemeindepastor, also in den 1980er-Jahren. Zu der Zeit kannte ich ihn schon lange; und so war es mir eine große Freude, dass er als Pastor in die Bremer Kreuzgemeinde kam. Was ich dann sehr bald lernen musste: Es gab nicht nur den Pastor, sondern auch den Bauplaner und Finanzfachmann, den Ratgeber und Reiseleiter, den Organisator und Motivator Eckhard Schaefer – und vor allem den Prediger.

Als er 1979 nach Bremen kam, stellte er sich zunächst den verschiedenen Kreisen der Gemeinde vor. Dabei brauchte er niemanden zu überzeugen – nein, alle waren sofort begeistert von ihm. Deshalb wollte wohl er mit seiner abschließenden Bemerkung über sich etwas bremsen: Er sei – das mögen wir bedenken – auch ein Stück ›charismatisch‹ geprägt. Nun saß da in den Reihen auch ein Bruder, von dem ich vermute, dass er dieses merkwürdige Fremdwort zu der Zeit noch gar nicht kannte. Ich dachte, er würde nun nachfragen, als er sofort das Wort ergriff. Doch er sagte in großer Begeisterung: ›Aber das macht doch gar nichts, Bruder Schaefer, das macht doch überhaupt nichts!‹

Dann kam seine Einführung – eine lange Feier in der Kreuzkirche mit recht vielen Gästen, auch aus anderen Bremer Gemeinden. Ich stand an der Tür, als mich ein Gast bat, ihm unbedingt ein Gespräch mit Schaefer zu vermitteln. Ich zögerte zunächst. Da erklärte er: ›Ich habe Eckhard Schaefer zu einer überregionalen Tagung als Referenten eingeladen, als der noch in Hannover war. Nun wollte ich ihn fragen, worüber er eine Bibelarbeit halten wollte.‹ Nach der Feier konnte er endlich mit dem Pastor sprechen. Später erzählte mir Eckhard Schaefer von der Begegnung. Als er ihm sagte, er wolle Jona zum Thema machen, fragte der Bruder sofort nach, ob Schaefer denn wirklich die Geschichte mit dem Fisch glaube, so wie sie in der Bibel stehe. Darauf diesser: ›Ach, wissen Sie, wenn in der Bibel stände, Jona hätte den Fisch gefressen, dann würde ich das auch glauben.‹

Eckhard Schaefers erste Jahre in Bremen waren bestimmt vom Aufbau der Gemeinde: gute Predigten am Sonntag und viel biblische Lehre in der Woche. Die Zahl der Besucher wuchs – besonders die Zahl der Gäste im Gottesdienst. Eines Sonntagmorgens saßen wir als Älteste vor dem Gottesdienst zusammen, als er feststellte: ›Oh, ich habe mein Predigtmanuskript zu Hause vergessen.‹ Ich bot sofort an: ›Gib mir deinen Hausschlüssel. Ich fahre schnell. Bis die Predigt beginnt, bin ich wieder da.‹ Doch er lehnte ab: ›Nein, es geht auch so.‹ In diesem Gottesdienst haben wir als Älteste besonders für ihn gebetet – aber auch ein bisschen kritisch zugehört, ob die Predigt ohne Manuskript auch gut war. Sie war es. Als ich kurz danach mit einem Mitältesten darüber sprach, meinte der: ›Ja, sie war gut. Aber ich frage mich, ob sie nicht mit Manuskript noch besser gewesen wäre.‹ Das interessierte mich auch. Und so hörte ich in den nächsten Monaten intensiv zu. Ja, natürlich um davon zu lernen – aber eben auch, um zu vergleichen. Denn oft sprach er ohne Manuskript. Schließlich traf ich mich wieder mit meinem Mitältesten, und wir zogen gemeinsam das Fazit: Eckhard Schaefer predigt immer sehr gut, aber mit Manuskript noch etwas besser.

Später wurde er mit einer halben Stelle Dozent am Theologischen Seminar in Hamburg, die andere halbe Stelle war er weiter Pastor in der Bremer Gemeinde. Wir fuhren gemeinsam in seinem Wagen zur Bundeskonferenz. Sie fand in Siegen statt. Dort sollte er am nächsten Morgen eine Bibelarbeit halten. Abends im Hotel sagte er, er habe eben die Tür seines Wagens zugeschlagen, den Schlüssel aber innen stecken lassen. Und sein Manuskript war im Wagen. Es war also wieder einmal eine Bibelarbeit ohne Manuskript angesagt. Ich glaube aber, er hat in dieser Nacht trotzdem gut geschlafen. Am nächsten

Morgen war ich aus irgendeinem Grund in einer anderen Bibelarbeitsgruppe. Vielleicht wollte ich der inneren Spannung entgehen, die mich ergriffen hatte. Beim Mittagessen saßen wir wieder zusammen, und ich fragte ihn, wie es gelaufen sei. Er war ganz entspannt und meinte: ›Ich habe gleich zu Beginn mein Malheur genannt und hinzugefügt: Falls jemand im Saal sei, der vor seiner Bekehrung gelernt habe, Autos auch ohne Schlüssel zu öffnen, so könne der sich ja mal meines Wagens annehmen. Ich war erstaunt, wie viele Abgeordnete sich spontan meldeten.‹«

Mit Leibe und Seele Gemeindepastor

Seine Dienste in Hannover und Bremen hat Eckhard Schaefer mit großer Begeisterung getan: »Ich war mit Leib und Seele Gemeindepastor.« Dazu wusste er sich von Gott berufen. Dieses Wissen hat ihn durchgetragen und erfüllt. Es war auch die Basis für die überörtlichen Dienste, sei es als Dozent am Theologischen Seminar in Hamburg oder als Generalsekretär seiner Freikirche in Bad Homburg. Für ihn war klar: »Ich kann mir eine überörtliche Verantwortung nicht ohne Bewährung im Gemeindedienst vorstellen. Gottes Ja zu meinem Einsatz als Jugendpastor, in der Gemeindegründungsarbeit und in einer gewachsenen traditionellen Gemeinde war Voraussetzung, dass ich die Verantwortung für überörtliche Dienste annehmen konnte.«

Während seines Gemeindedienstes gaben beide Gemeinden dem Pastor einen großen Freiraum: Er konnte immer wieder Einladungen aus anderen Gemeinden zu Evangelisationen und Bibelwochen annehmen. Zehn bis zwölf solcher Einsätze hat er in der Regel jedes Jahr gemacht – und dabei auch seinen Urlaub eingesetzt. Er hat diesen Dienst nicht als Stress empfunden. Von Dienstagabend bis Samstagabend war er oft unterwegs. Er fuhr dann meist in der Nacht zurück, sprang zu Hause unter die Dusche und war dann frisch für den Gottesdienst. Dass man ihm diesen Freiraum gewährt hat, dafür ist er bis heute dankbar. Die Ortsgemeinde war seine persönliche geistliche Heimat. Er half vor Ort, das Reich Gottes zu bauen. Er segnete Kinder, erklärte ihnen im Gemeindeunterricht das Wort Gottes, taufte sie später, erlebte dann mit, wie sie einen Partner oder eine Partnerin fanden und den Wunsch äußerten, von ihm getraut zu werden. »Das alles ist sehr schön gewesen.«

Die Gemeinde in Bremen war bereits 150 Jahre alt. Ihre Wurzeln lagen in der Gründerzeit des deutschen Baptismus. Es gab dort viele bewährte Mitarbeiter. Dankbar berichtet Eckhard Schaefer von der erfahrenen Geschwisterschaft in der Gemeindeleitung, besonders auch im Ältestenkreis. Für Veränderungen, die biblisch begründet waren, hatte die Gemeinde ein offenes Ohr. In den ersten fünf Dienstjahren kamen 91 neue Mitglieder durch die Taufe zur Gemeinde, davon 60 Personen aus dem säkularen Umfeld. In dieser Zeit wuchs der Gemeindehaushalt um über 80 Prozent. Die Gemeinde finanzierte neben den Ausgaben vor Ort drei Missionare und ihre Familien, die ausgesandt worden waren. Der Pastor ist dankbar für seine Erfahrungen in einer im Wort Gottes fest verwurzelten Gemeinde.

Doch wichtig ist es ihm auch gewesen, den Dienst in anderen Gemeinden tun und dort neue Menschen kennenlernen zu können. Diese Kontakte haben ihn ebenfalls geprägt. Seine Bilanz kann sich sehen lassen. Von den 845 Gemeinden und Zweiggemeinden, aus denen der Bund Evangelisch-Freikirchlicher Gemeinden derzeit besteht, hat er mehr als 400 persönlich besucht, manche bereits vor seiner Tätigkeit als Generalsekretär – andere im Zusammenhang mit diesem Dienst.

17. Dozent am Theologischen Seminar in Hamburg

Eckhard Schaefer kannte also die Gemeinden, doch mit den offiziellen Bundesstrukturen war er weniger vertraut. So besuchte er in den ersten elf Jahren seines Dienstes in Hannover nur eine einzige Bundeskonferenz – auch Bundesratstagung genannt. Das ist das jährliche Treffen der Delegierten der Gemeinden und Werke des Bundes. Der Bundesrat ist das oberste Entscheidungsgremium der Freikirche. Seine Entschuldigung für dieses Versäumnis: »Ich war halt mit Leib und Seele Gemeindepastor und nutzte meine freie Zeit für Evangelisationen aus.« Für ihn gab es wichtigere Dinge als Gremien und Ausschüsse.

Auf der mittleren Ebene, der Vereinigung – heute heißt sie Landesverband –, war er allerdings aktiv. Während seiner Zeit in Hannover war er zunächst Vereinigungsjugendwart und damit zuständig für die Jugendarbeit in der Region Niedersachsen und Ostwestfalen-Lippe, später wurde er Vereinigungsleiter.

Eine Wende kam 1984. Zu dem Zeitpunkt war er Gemeindepastor in Bremen. Da kam der damalige Leiter der für Bremen zuständigen Vereinigung auf ihn zu und fragte, ob er nicht als Listenkandidat für die Bundesleitung kandidieren wolle. Zu dem Zeitpunkt war Eckhard Schaefer bereits fast 50 Jahre alt. Ihm war klar: »Wenn du jetzt Nein sagst, darfst du nie wieder über Entscheidungen des Bundes den Kopf schütteln oder auf Entscheidungen mit Unverständnis reagieren. Sonst wäre das unfair.« Er willigte in eine Kandidatur ein – und tatsächlich wurde er mit hohem Stimmenanteil gewählt.

Seine Gemeindearbeit in Hannover und Bremen sowie seine Mitarbeit in der Bundesleitung hatten Folgen. Die offiziell Verantwortlichen wurden auf ihn aufmerksam. Schließlich fragten sie ihn, ob er als Dozent nach Hamburg ans dortige Theologische Seminar wechseln wolle. Man bot ihm eine Vollzeitstelle an. Er fühlte sich geehrt – und lehnte ab. »In meiner Selbsteinschätzung wusste ich, dass ich für diese Aufgabe nicht die notwendige Ausrüstung mitbrachte und auch nicht die Berufungsgewissheit hatte«, erinnert er sich. Man einigte sich auf einen Kompromiss. Er schlug vor, dass er mit einer halben Stelle in Bremen Pastor bleiben konnte. Tatsächlich erhielt er daraufhin eine Teilzeitberufung für Hamburg. Man wollte ihn offenbar unbedingt am Theologischen Seminar haben. Besser ein halber Schaefer als gar keiner, so die Vorstellung. In jener Zeit war Volkmar Glöckner Vikar in der Bremer Kreuzgemeinde. Der konnte sich mit dem Gedanken anfreunden, in der Gemeinde stärker die Verantwortung zu übernehmen. Darüber hinaus berief die Gemeinde zusätzlich auch Peter Krusemark zum Pastor. Beide konnten Eckhard Schaefer im Gemeindedienst entlasten.

Für ihn war die neue Aufgabe als Dozent eine große Herausforderung und war mit zahlreichen Einschränkungen verbunden. Außerdem war sie zeitlich sehr intensiv. Am Mittwochmorgen fuhr er nach Hamburg. Nach der Lehrersitzung kehrte er am Freitagnachmittag zurück. In Bremen fand dann meist eine Sitzung oder ein Mitarbeitertreffen statt. Am Samstag standen Gemeindebesuche an sowie die Vorbereitung für die Predigt am Sonntag.

Die Doppelbelastung war für ihn trotzdem in Ordnung. »Ich denke mit Dankbarkeit an die Zeit zurück.« Er wurde im Hamburger Kollegium »sehr lieb« aufgenommen. Auch zu den Studenten hatte er einen guten Draht. Sein Schwerpunkt im Unterricht war Missiologie und Pastoraltheologie.

Gemeinsam unterwegs

Edwin Brandt war Rektor des Theologischen Seminars in jener Zeit, als Eckhard Schaefer von 1985 bis 1988 als Dozent in Hamburg tätig war. Er erinnert sich: »Die Begegnungen mit Eckhard Schaefer gehören zu den wertvollen Erfahrungen in meinem Leben, die mich bereichert, geprägt, inspiriert und ermutigt haben. Das festzuhalten und ihm auch zu sagen, ergibt sich für mich aus der biblischen Weisung, nicht zu vergessen, was Gott uns – auch durch Menschen – Gutes getan hat. Mir ist bewusst, dass wir uns oft schwer damit tun, Kollegen, Freunden, Wegbegleitern zu danken, ihre Verdienste zu würdigen und Gutes über sie zu sagen. Allzu leicht wird der Verdacht der Schönfärberei oder gar der Heuchelei, der Schmeichelei oder berechnenden Lobhudelei geäußert! Es ist schon traurig, dass wir offensichtlich so ›verdorben‹ sind, eigentlich selbstverständliche Tugenden eines aufmerksamen Miteinanders kaum noch unverkrampft, ehrlich und unbefangen praktizieren zu können. Dennoch: Was wahr ist, soll und muss auch gesagt werden – pro gloria Dei et bono hominis ...

Natürlich hatte ich vorher schon Eckhard Schaefer auf Konferenzen und Tagungen erlebt; als Prediger und Referent hat er mich tief beeindruckt, weil ich das geistliche Anliegen, das er auf dem Herzen hatte, verstanden habe und gut aufnehmen konnte. Es war also nicht nur sein engagierter, humorvoller, bisweilen auch kurzweilig daherkommender Stil zu reden, sondern auch der biblisch identifizierbare, das geistliche Leben herausfordernde Inhalt seiner Beiträge, die mich aufhorchen ließen.

Zum Wintersemester 1985/86 nahm er seinen Lehrdienst im Bereich der Praktischen Theologie auf, und zwar neben seinem Gemeindedienst in der Kreuzgemeinde in Bremen. Nur mit großem Respekt ihm und seiner Frau Christa gegenüber und mit einem kräftigen Dank an die Bremer Gemeinde kann ich diese Spezialberufung erwähnen, von der die gesamte Seminargemeinschaft dankbar profitiert hat. Das Theologische Seminar und der Bund befanden sich in einer außerordentlich schwierigen Phase: Der nötige theologische Diskurs und die Verständigung trotz Erkenntnisunterschieden wollten nicht gelingen.

Mit Eckhard Schaefer konnte man reden, diskutieren, streiten, lachen und beten! Manche uns ausweglos erscheinende Lage, manche geistliche Verirrung und einseitige Verkürzung im charismatischen Bereich, die sich im theologischen Denken wie im Gemeindedienst junger Kollegen abzeichneten, haben wir Gott geklagt und uns zugleich um Brückenbauerdienste bemüht.

In seine theologischen Vorlesungen und Seminare (apostolischer Gemeindeaufbau nach der Apostelgeschichte – ein besonderer ›Hit‹!) wie in seine Andachten und Predigten flossen aktuelle Impulse und frische Erfahrungen aus dem Gemeindeleben, so vielfältig und faszinierend, dass manch einer sich fragte, warum nur Eckhard Schaefer, aber nicht auch er so praktisch Theologie treiben und erleben konnte.

Als Dozentenkollegium haben wir seine aufgeschlossene, profilierte Weise, theologisch zu argumentieren, als befreiend erlebt, weil er sich nicht auf enge Positionen zurückgezogen oder fixiert hat. Bei allem Streit um die Sache hat er den Menschen mit seinem Anliegen und seiner Sicht nicht aus dem Auge verloren.

Insofern ist es nicht verwunderlich, dass der neue Dozent sowohl im Kollegium als auch in der Studentenschaft gefragter und geschätzter Gesprächspartner war, der auch manche Abend- und Nachtstunden investierte. Man muss sich das einmal vorstellen: Der gestandene Gemeindepastor bezog im Wohnheim der Studenten ein kleines Zimmer und teilte mit den jungen Leuten ihren Lebensraum für drei oder vier Tage in der Woche – und das von Oktober 1985 bis Juli 1988.

Als Bundesdirektor in Bad Homburg blieb Eckhard Schaefer dem Theologischen Seminar ein verständnisvoller, konstruktiv-kritischer Begleiter, und für viele Kolleginnen und Kollegen im Dienst sind die drei Jahre mit ihm eine wesentliche Bereicherung ihres Theologiestudiums in Hamburg-Horn geblieben.

Persönlich stelle ich dankbar fest, dass die gemeinsame Zeit am Theologischen Seminar den Grund für unsere herzliche, tiefe Verbundenheit und unbedingt vertrauensvolle Zusammenarbeit in unserer Bundesgemeinschaft und den verschiedenen Gremien des Bundes gelegt hat.«

Sechs Semester lang hat Eckhard Schaefer in Hamburg unterrichtet. Es war für ihn »eine enorm wertvolle Zeit« für die Vorbereitung zum Dienst als Bundesdirektor. In dieser Zeit las er viel und beschäftigte sich intensiver als je zuvor mit Fragen der Theologie.

An eine Begebenheit aus der Hamburger Zeit erinnert er sich noch besonders gern. Er hatte von Freitag bis Montag Bibelabende in Stuttgart. Anschließend fuhr er mit dem Nachtzug nach Hamburg, um pünktlich am Dienstag zum Unterricht in der Rennbahnstraße in Hamburg zu sein. Als der Zug im Hauptbahnhof hielt, fiel ihm gleich ein Student auf – oben im Fußgängerbereich, der im Bahnhof alle Gleise überspannt. Sein erster Impuls war: »Freundchen. In einer Stunde beginnt der Unterricht. Was machst du hier?« Er ließ seinen Blick weiterschweifen. Nach und nach stieß er auf weitere Studenten im Bahnhofsbereich. Und schließlich stellte er fest, dass offenbar das komplette Abgangssemester gekommen war, um ihn vom Bahnhof abzuholen. Doch die Studenten hatten sogar noch eine weitere besondere Überraschung vorbereitet: In einem Restaurant hatten sie einen Tisch organisiert und kurzfristig den Unterricht dorthin verlegt – verknüpft mit einem Frühstück für ihren Dozenten.

Ein Fußballmatch in der Aula

Auch die Verabschiedung durch die Studenten, als Eckhard Schaefer vom Seminar ins Bundesmissionshaus nach Bad Homburg wechselte, wird ihm unvergessen bleiben. Gegen Mitternacht holten die Studenten ihren Dozenten aus dem Bett und führten ihn mit einem Fackelzug in die Aula des Seminars. Dort hatten sie ein Fußballtor aufgebaut. Es war ein Elfmeterschießen angesetzt. Jeder Student ging ins Tor und Schaefer musste schießen. Jeder Treffer war ein Punkt für das »Bundesmissionshaus« und wurde mit einem Glas Sekt belohnt. Jeder gehaltene Ball war ein Punkt für das Seminar – und wurde ebenfalls mit einem Glas Sekt belohnt. Zudem wurde ein handgemaltes Plakat entrollt, in Anspielung auf gelegentliche Spannungen zwischen Bundesmissionshaus und Seminar. Es gab manchmal unterschiedliche Sichtweisen, welche Ausbildungsschwerpunkte für die praktische Gemeindearbeit wichtig sind und welche nicht. »Ewiger Friede zwischen Seminar und Bundesmissionshaus« stand auf dem Plakat zu lesen. Erst nach drei Uhr wurde die Aula wieder geräumt und aufgeräumt. Eckhard Schaefer war tief bewegt. Und er bedankte sich auf die ihm eigene Weise bei den Mitwirkenden des ungewöhnlichen Festaktes: Kaum waren die Studenten wieder im Bett und vermutlich auch bald eingeschlafen, rief er sie in ihrem Zimmer an: »Ich glaube, ich habe vergessen, mich für den schönen Abend zu bedanken. Das möchte ich hiermit nachholen.« Bis zum Morgengrauen war er damit beschäftigt, alle Teilnehmer am Elfmeterschießen anzurufen. Der damalige Rektor, Edwin Brandt, zeigte sich am nächsten Tag allerdings etwas verwundert über das große Gähnen im Unterricht: »Man gut, dass bald Ferien sind. Ich habe heute nur in müde Gesichter geguckt«, erzählte er später im Dozentenkollegium. Eckhard Schaefer hätte ihm sagen können, warum die Studenten an dem Tag besonders müde waren. Aber er hat es nicht getan.

18. Bundesdirektor im Bundesmissionshaus

Eckhard Schaefer wurde 1988 ins Bundesmissionshaus berufen. Zu dem Zeitpunkt gab es dort bereits zwei Bundesdirektoren: Manfred Otto und Gerd Rudzio. Man brauchte einen dritten Bundesdirektor, dessen Arbeitsschwerpunkt der Kontakt zu den Gemeinden und Werken des Bundes sein sollte. Der Pastor hatte grundsätzliche Zweifel, ob er überhaupt der geeignete Mann für diesen Dienst war und ob er dem Anforderungsprofil wirklich entsprach: »Ich hatte in meinem Leben nie Angst vor der Verantwortung, aber immer Respekt davor«, bekennt er. In Sorge war er vor allem wegen der von ihm erwarteten schriftlichen Arbeiten. Er hatte zwar als Schüler ganz gute Aufsätze geschrieben, aber das war lange her. Und während der Zeit als Gemeindepastor kam er nur selten dazu, einen Artikel zu schreiben. Er wusste, dass er ein ganz begabter und talentierter Prediger war. Doch er hatte seine Predigten – von wenigen Ausnahmen abgesehen – nie ausformuliert. Er sprach in der Regel frei ohne schriftliches Konzept, ein paar Stichworte mussten reichen. Und mitunter brauchte er selbst die nicht: »Die Zuhörer wollen die Augen und nicht den Scheitel des Pastors sehen.« Das hatte man ihm beigebracht. Davon war er selber überzeugt. Ein bisschen hatte ihn die Dozententätigkeit in Hamburg mit der Schreibtischarbeit versöhnt. Und dann gab es da ja noch die vielen Gemeinden im Bund, die er bereits persönlich kannte, weil er dort Evangelisationen und Bibelwochen gehalten hatte. Diese Erfahrungen ließen ihn zu der Überzeugung gelangen, vielleicht doch für die Aufgabe im Bund nicht ganz ungeeignet zu sein.

Der erste Tag in Bad Homburg

An seinen ersten Tag im Bundesmissionshaus in Bad Homburg erinnert sich Eckhard Schaefer noch ganz gut. Er hatte sich gerade bei allen Mitarbeitern und Mitarbeiterinnen vorgestellt, als eine Sekretärin ihn darüber informierte, dass bereits eine erste Besucherin für ihn da sei. Sowohl die Stimme der Sekretärin als auch ein irritierendes

Lächeln weckten seine Aufmerksamkeit. Was er zu dem Zeitpunkt noch nicht wusste: Diese Frau kam sehr häufig nach Bad Homburg. Sie nahm eine fast 300 Kilometer weite Anreise in Kauf, um immer wieder etwas verworrene Wünsche und Ermahnungen vorzubringen. Allen im Bundesmissionshaus war klar, dass man längeren Begegnungen mit dieser Frau unbedingt aus dem Weg gehen sollte. Schließlich musste ja auch das Tagesgeschäft erledigt werden. Nur der neue Bundesdirektor wusste das noch nicht. Seine Kolleginnen und Kollegen waren davon überzeugt, dass er an seinem ersten Arbeitstag sicherlich noch nicht allzu viel zu tun hatte. Allerdings wurde ihm im Gespräch mit der Schwester dann doch recht schnell deutlich, wen er da vor sich hatte. Er befahl diese Dame deshalb den Segen Gottes an und verabschiedete sich nach kurzer Unterredung von ihr. Den Einstiegstest seiner Kolleginnen und Kollegen hatte er damit offenbar bestanden.

Ein Bundesdirektor fällt überraschend aus

Schlimmer für ihn war es, dass Bundesdirektor Manfred Otto, der im Bundesmissionshaus die Finanzen verwaltete, überraschend schwer erkrankte. Schaefer hatte sich auf die Zusammenarbeit mit ihm gefreut, weil Manfred Otto im Bund ein großes Vertrauen genoss. Für ihn erfüllte Manfred Otto zwei wichtige Kriterien: Er war bibelfest und bilanzsicher.

Die Krankheit von Manfred Otto beschäftigte natürlich auch die Bundesleitung. Sie suchte nach einer Lösung und fällte eine Entscheidung: Für die Verwaltung brauchte man einen Betriebswirt, möglichst auch mit einer juristischen Zusatzausbildung. Pastoren sollten dagegen für konzeptionelle und seelsorgerliche Aufgaben eingesetzt werden. Doch ein geeigneter Kandidat, der diesem Anforderungsprofil entsprach, wurde zu dem Zeitpunkt nicht gefunden. Auch andere Personalvorschläge konnten nicht überzeugen. Und so wurde schließlich Eckhard Schaefer gefragt, ob er nicht den Aufgabenbereich von Manfred Otto – zunächst kommissarisch – übernehmen wolle. Schließlich war er ein ausgebildeter Industriekaufmann. Noch aus seinem säkularen Beruf, den er in seiner Herforder Zeit erlernt hatte, kannte er sich etwas mit Finanzfragen aus. Ihm war klar, dass er es lernen musste, in die großen Schuhe von Manfred Otto zu schlüpfen, der nach seiner Überzeugung den »Glaubenshaushalt des Bundes vorbildlich verwaltet hatte«. Er konnte seinen Ausbildungsberuf nun in einem ganz neuen Licht sehen. Die einzelnen Abschnitte in seiner Lehr- und Jugendzeit waren für ihn wie ein Puzzle, dessen Teile sich nun zusammenfügten.

Mit der Verantwortung für die Finanzen des Bundes kamen weitere Arbeitsfelder hinzu. Mit seinem Kollegen Gerd Rudzio, der schwerpunktmäßig für Pastorenfragen und internationale Verbindungen zuständig war, arbeitete Eckhard Schaefer ohne Reibungsverluste zusammen. Beide waren aus gleichem Holz geschnitzt, denn beide stammten aus Ostpreußen. Eine gegenseitige Wertschätzung und Ergänzung in vielen Aufgabenbereichen war die Folge. Natürlich färbte ihre Harmonie auf das Klima in vielen Sitzungen und Konferenzen ab. Wer mit ihnen privat oder auf Reisen zusammen war, bekam immer einige Kostproben von ostpreußischem Humor präsentiert. Ständig unterhielten sie ganze Reisegesellschaften mit ihren Witzen. Ein Beispiel: »Schwester Erna kommt zum Gottesdienst. An der Kapellentür fragt sie der Diakon: ›Erna; wozu haste denn das Stück Speck in der Hand?‹ ›Och‹, sagt sie. ›Dann hab ich doch zu Hause glatt die ›Glaubensstimme‹ in die Erbsensuppe geworfen.‹«

Die Wende von 1989 und die Folgen

Ende der 1980er-Jahre ließ es die politische Entwicklung nicht länger zu, einen dritten Bundesdirektor zu berufen – auch wenn er eigentlich dringend gebraucht worden wäre, um die Zuständigkeiten im Bundesmissionshaus neu zu regeln. Der Grund war der überraschende Fall des Eisernen Vorhanges zwischen Ost und West Ende 1989. Eine Wiedervereinigung gab es nicht nur auf der politischen Ebene, sondern auch im kirchlichen Bereich. Für den Bund Evangelisch-Freikirchlicher Gemeinden bedeutete dies, dass die zwei Direktoren aus Berlin, der früheren Hauptstadt der DDR, für den nun größer gewordenen Gesamtbund ebenfalls zur Verfügung standen. Bundesdirektor Ulrich Materne wechselte kurz nach der Wende in den Dienst der Deutschen Evangelischen Allianz, aber Bundesdirektor Manfred Sult blieb bis zum Erreichen des Ruhestandsalters im Dienst. Auch er hatte seine Wurzeln in Ostpreußen, genauso wie Dr. Wolfgang Lorenz, der langjährige Vizepräsident und spätere Präsident des Bundes.

Der Finanzfachmann, der so dringend benötigt wurde, fand sich erst sieben Jahre später. Der Versicherungskaufmann Heinz Sager übernahm diesen Posten, als der Bundesdirektor Gerd Rudzio in den Ruhestand ging. Eckhard Schaefer trat die Verantwortung für den Finanzbereich an Heinz Sager ab und übernahm die Aufgaben von Gerd Rudzio. Er erinnerte sich an seinen eigenen Start im Bundesmissionshaus, als ihm zunächst noch kein eigenes Büro zur Verfügung gestanden hatte. Heinz Sager sollte es besser haben. Und so zog er erneut ins Büro von Gerd Rudzio. Dort rückte man zusammen. Besucher musste er wie zu Beginn seiner Tätigkeit in Bad Homburg im Konferenzraum empfangen, um seinen Kollegen nicht zu stören. In diesem Gemeinschaftsbüro wurde allerdings – wie sollte es auch anders sein – nicht nur gearbeitet, sondern immer wieder war auch ein herzhaftes Lachen zu hören.

Zu Gast in einer Aussiedlergemeinde

Zum Aufgabenbereich eines Bundesdirektors gehörten natürlich auch Gemeindebesuche. Ein Besuch in einer Aussiedlergemeinde stand an, und Eckhard Schaefer war als Bundesdirektor eingeladen worden. Ein besonderes Kennzeichen von Aussiedlergottesdiensten ist deren Länge. Nach einer oder eineinhalb Stunden ist noch lange nicht Schluss. Es kommen in der Regel drei Prediger zu Wort. Der dritte ist immer der Hauptprediger. Er kann gelegentlich auch noch die Beiträge der »Predigerlehrlinge« – wie man ihm sagte – korrigieren. Als er in die Gemeinde kam, wurde ihm mitgeteilt, dass er als Dritter dran wäre: »Bis zu 30 Minuten lang.« Das war ein Vertrauensbeweis für den der Gemeinde nicht persönlich bekannten Bundesdirektor. Andere Grußwortredner, die der Gemeinde persönlich nicht bekannt sind, erhalten höchstens 20 Minuten, und als Letzte dürfen sie auch nicht immer sprechen.

Vor dem Gottesdienst ging er mit den Gastgebern durch das Bethaus, wie das Gemeindezentrum bei den aus Russland stammenden Gemeindemitgliedern heißt. Er erzählte von seinem persönlichen Glauben und drückte seine Freude über den starken ehrenamtlichen Einsatz der Gemeinde aus. Das Gemeindehaus mit über 600 Sitzplätzen war ausschließlich in Eigenleistung errichtet worden. Weil Eckhard Schaefer ihnen so sein Herz zeigte und seine Liebe zu Jesus bezeugte, fasste der Gemeindeleiter wohl Vertrauen zu dem Gastredner und raunte ihm zu: »Heute brauchen nur zwei zu predigen und du hast 40 Minuten Zeit.« Als der Gottesdienst begann, wurden Lieder aus dem »Evangeliumssänger« angestimmt. Schaefer kannte diese Lieder noch von seiner Großmutter. Er konnte sie sogar auswendig singen, während der Gemeindeälteste neben ihm in das Gesangbuch schauen musste. Der Gast stimmte froh mit ein in »Heiland, führe du dein Kind« und »Mächtige Ströme des Segens«. Die Lieder waren gerade verklungen, als ihm von der Seite zugeraunt wurde: »Bruder, du kannst heute alleine predigen: eine Stunde lang.« Er war seiner Großmutter dankbar, dass sie die Lieder mit ihm eingeübt hatte, denn jetzt zeigte sich, dass ihm diese Liedtexte zum Segen wurden. Offenbar war dem Gemeindeleiter der Aussiedlergemeinde deutlich geworden: Wer solche Lieder kennt, der kann kein liberaler Westdeutscher sein.

19. Der Bau des Bildungszentrums in Elstal/Berlin

Eines der größten Projekte, das Eckhard Schaefer in seinem Dienst als Bundesdirektor zu verantworten hatte, war der Bau des Bildungszentrums in Elstal. Es war als Ersatz für das zu klein gewordene Theologische Seminar in Hamburg gedacht. Bereits Mitte der 1980er-Jahre war deutlich geworden, dass die Räume in dem Seminar an der Hamburger Rennbahnstraße zu wenig Platz boten. Außerdem waren dringend notwendige Renovierungsarbeiten nicht erfolgt. Auf dem Gelände hatte auch das Jugendseminar seinen Sitz. Dessen Bausubstanz war ebenfalls stark marode, was durch ein Gutachten belegt wurde. In fast jeder Sitzung der Bundesleitung machten die Vertreter des Gemeindejugendwerks zudem sehr deutlich, dass sie auch eine Bibelschule benötigten. Sie untermauerten ihr Anliegen mit Zahlen. Jedes Jahr würden rund 400 Jugendliche aus den Gemeinden des Bundes eine Ausbildung in überkonfessionellen Ausbildungsinstituten und Bibelschulen absolvieren. Für diese Jugendlichen wollte man gerne eigene Schulungsangebote schaffen. Das Problem jedoch war: Es gab auf dem Gelände in Hamburg keinerlei Erweiterungsmöglichkeiten. Die Kapazitätsgrenze war erreicht. Die Bundesleitung rief deshalb eine Kommission ins Leben. Ihre Aufgabe war es, in Hamburg ein neues Gelände für den Neubau eines Theologischen Seminars, für das Jugendseminar, das Gemeindejugendwerk und für eine Bibelschule zu finden. Dieser Kommission gehörte Eckhard Schaefer vorerst allerdings nicht an. Vorsitzender war der damalige Vizepräsident Werner Wolf, unter dessen Leitung das Gremium intensiv arbeitete. Doch innerhalb der Stadtgrenzen Hamburgs ein geeignetes Gelände oder Objekt zu finden, war nicht einfach.

Auf der Suche nach einem Campusgelände

Dann kam der 9. November 1989, der Tag, als sich die Mauer in Berlin öffnete und der Eiserne Vorhang fiel. Dieser Tag veränderte auch die Suche nach einem neuen Gelände in Hamburg, denn in der Folge der friedlichen Revolution vereinigten sich auch die beiden Baptistenbünde. Auf dem Gebiet der ehemaligen DDR gab es in Buckow bei Berlin ein Theologisches Seminar. Gleich nach der Wiedervereinigung stellte es jedoch seinen Unterrichtsbetrieb ein, da nun Hamburg für die Bürger der DDR wieder erreichbar war. Buckow bzw. das dortige Theologische Seminar war erst nach dem Bau der Mauer entstanden, als es den Studenten aus der DDR verwehrt wurde, in Hamburg zu studieren. An der Suche nach einem möglichen neuen Standort für einen baptistischen Campus beteiligte sich nach der Vereinigung der beiden Baptistenbünde auch der frühere Bundesdirektor in der DDR, Manfred Sult. Er schaute sich vor allem im Großraum Berlin nach geeigneten Grundstücken und Immobilien um. Beim Bundesrat in Kassel 1993 wurden dann die Weichen gestellt, allerdings mit sehr knapper Mehrheit. Es wurde auch offiziell entschieden, im Großraum Berlin nach einem geeigneten Grundstück zu suchen.

Bei dem geplanten neuen Projekt ging es nicht nur um neue Gebäude, sondern auch um eine neue Gesamtkonzeption. Auf dem neuen Campus sollten nicht nur wie bisher hauptamtliche Mitarbeiter, nämlich Pastoren und Pastorinnen, oder ehrenamtliche Mitarbeiter für den Jugendbereich ausgebildet werden. Das wäre eine Fortsetzung der Hamburger Schulungsangebote gewesen. Vielmehr sollte die Ausbildung ehrenamtlicher Mitarbeiter für die Arbeit in der Gemeinde ein eigenes wichtiges Standbein werden. Dieses neue Angebot sollte mit den Studieninhalten der anderen Ausbildungsangebote gleichwertig vernetzt werden. Nach Möglichkeit sollten Studierende und Lehrende auch gemeinsam auf dem neuen Campus wohnen. Da die Entscheidung, in Berlin nach einem Grundstück zu suchen, nur mit einer hauchdünnen Mehrheit getroffen worden war, meinte der damalige Präsident des Bundes, Walter Zeschky: »Bis zum nächsten Bundesrat brauchen wir eine beschlussreife und überzeugende Vorlage, wenn das Projekt überhaupt eine Chance auf Umsetzung haben soll.« Das bedeutete, dass die Suche nach einem geeigneten Grundstück in den nächsten Monaten zum Schwerpunkt der Arbeit des Bundes gemacht werden musste. Zu diesem Zeitpunkt kam Eckhard Schaefer als Bundesdirektor ins Spiel, denn Walter Zeschky fragte ihn: »Bist du bereit, das zu machen?« Weil er in solchen Situationen nicht Nein sagen kann, was er selbst als charakterliche Schwäche bezeichnet, willigte er ein. Er fuhr also schon wenige Tage später nach Berlin. Bei der Grundstückssuche erlebte er immer wieder Wunder Gottes. Vielerorts öffnete Gott ihm Türen.

Offene Türen in Berlin

Schon am 5. November 1993 – also einem halben Jahr nach der Bundeskonferenz von Kassel – gab es einen Informationstag in Bad Homburg für alle Interessenten, die sich über den Stand der Planungen informieren wollten. Eckhard Schaefer hatte für die rund 400 Besucher der Veranstaltung gute Nachrichten. Die Interessenten waren nicht vergeblich angereist, da es bereits ein erstes verheißungsvolles Objekt gab. Bei der Informationsveranstaltung wurde das Gelände der Kirschsteinsiedlung in Elstal westlich von Berlin präsentiert. Die Kirschsteinsiedlung ist ein ehemaliges Militärgelände, auf dem zu DDR-Zeiten russisches Militär stationiert gewesen war. Der Bundesdirektor präsentierte das Gelände als eine mögliche Option, denn einen offiziellen Kaufbeschluss gab es ja noch nicht. Doch er konnte erzählen, dass das Land Brandenburg Ansprechpartner für das Gelände sei. Bei der Regierung in Potsdam hatte man Interesse daran, dass das Seminar sich in dem Bundesland ansiedelte. Und der Chef einer Baubetreuungsfirma hatte aus Begeisterung für dieses Projekt bereits eine Planungs- und Nutzungszeichnung für den Umbau der 19 heruntergewirtschafteten Häuser auf dem Gelände entworfen – kostenlos. Schaefer hielt das Gelände für einen geeigneten Standort für das neue Bildungszentrum. Es gab viel Platz für noch zu errichtende Neubauten neben den 19 bereits vorhandenen Wohnhäusern. Das bedeutete, dass der Bund selber den Bauumfang und die Art der Ausführung bestimmen konnte. Das Echo auf dem Informationstag war für ihn eine Ermutigung, auch wenn dort kein beschlussreifes Gremium zusammengekommen war. Die eigentliche Entscheidung musste erst noch auf der nächsten Bundeskonferenz 1994 in Rostock gefällt werden.

Die Zahlen, die Eckhard Schaefer in Rostock vorlegte, hat er immer noch im Kopf. Er muss nicht in die Akten schauen. Auf der Bundeskonferenz präsentierte er einen Finanzierungsplan über 34 Millionen DM. Die dafür benötigten Kredite gab es zinsvergünstigt. Er konnte deutlich machen: Wenn der Bund sein Theologisches Seminar in Hamburg erhalten und ausbauen wollte, wäre das auch nicht umsonst zu haben. Für die Renovierungskosten in Hamburg hätten ähnlich hohe Kredite aufgenommen werden müssen wie für das Bauprojekt in Elstal, allerdings mit einem entscheidenden Unterschied: In Hamburg hätte trotzdem weniger Platz zur Verfügung gestanden. Die geplante Bibelschule hätte daher auf dem vorhandenen Gelände in Hamburg gar nicht errichtet werden können. Und auch die Idee vom baptistischen Campus, einer institutsübergreifenden gemeinsamen Ausbildung, hätte man dort nicht umsetzen können.

Behördenwillkür oder deutsche Gründlichkeit?

Parallel dazu musste sich Eckhard Schaefer um den Verkauf eines Geländes in Neuruppin sowie des Hamburger Seminars kümmern. Bei den Planungen war davon ausgegangen worden, dass für beide Objekte insgesamt sieben Millionen Mark als Erlös zu erzielen sein würden. Sie sollten bei der Finanzierung des neuen Projektes als Eigenkapital eingesetzt werden. Das Gelände in Neuruppin war dem Bund durch die Wiedervereinigung zugefallen. Früher hatte dort die Missionsgesellschaft der Baptisten ihren Sitz. Sie gab es allerdings nur noch auf dem Papier. Nach dem Zweiten Weltkrieg konnte sie ihre Tätigkeit nicht fortsetzen. Aber es gab dort ein Gebäude und das Gelände in zentraler Lage. Der Generalsekretär des Baptistenbundes in der DDR, Rolf Dammann, hatte dafür gesorgt, dass der Staat keinen Anspruch auf das Gelände erheben konnte. Nach der Wende war das Gelände in Neuruppin durchaus begehrt. Zahlreiche Unternehmen versuchten, in den neuen Bundesländern Fuß zu fassen. Der

Handelsriese Metro hatte in Neuruppin bereits kurzfristig eine Baracke errichtet. Das Unternehmen zeigte sich sehr daran interessiert, das Gelände zu kaufen. Auch andere Discounter hatten auf das Gelände in guter Lage ebenfalls ein Auge geworfen. Doch der Bund entschied, zunächst mit der Metro zu verhandeln. Das sah man auch in der Stadtverwaltung von Neuruppin gerne. In den Verhandlungen wurde dann ein Kaufpreis in Höhe von fünf Millionen Mark vereinbart. »Das war ein stolzer Preis«, sagt Eckhard Schaefer noch rückblickend. Doch womit keine der beteiligten Seiten gerechnet hatte: Es gab Probleme juristischer Art.

Die Missionsgesellschaft hatte eigene Körperschaftsrechte. Kaiser Wilhelm II. selbst hatte die entsprechende Urkunde unterschrieben, die heute noch im Staatsarchiv in Potsdam liegt. In dieser Rechtsform war das Grundstück im Grundbuch eingetragen. Den Kaufvertrag hatten die vertretungsberechtigten Vorstandsmitglieder für die Missionsgesellschaft unterschrieben. Nun hatten die neuen Bundesländer in den ersten Jahren nach der Wiedervereinigung sogenannte »Patenländer« in Westdeutschland. Für Brandenburg war das Nordrhein-Westfalen. Für Neuruppin hatte ein kleiner Ort in der Grafschaft Bentheim an der holländischen Grenze die Patenschaft übernommen. Der notarielle Kaufvertrag wurde – rein formal – deshalb zur Prüfung dorthin geschickt. Jetzt entwickelte sich dieser Vorgang zu einem Anschauungsunterricht für deutsche Behördengründlichkeit, andere würden vielleicht von Willkür sprechen. Ein dortiger Rechtspfleger stellte nämlich fest: »Nach preußischem Recht hätte 1914 bei der Ernennung zur Körperschaft des öffentlichen Rechts außer dem Kaiser auch ein Staatsminister unterschreiben müssen.« Folglich sei die Ernennung der Missionsgesellschaft rechtlich nicht nachzuvollziehen. Noch schwerwiegender: Der Kaufvertrag mit der Metro war wegen dieser Vorgeschichte rechtlich nicht gültig. Da aber seit dem mutmaßlichen Erwerb des Grundstücks die Missionsgesellschaft als Körperschaft des öffentlichen Rechts im Grundbuch als Eigentümerin eingetragen stehe, müsse dieser nun über 90 Jahre zurückliegende Rechtsschaden geheilt werden, so die Einschätzung des Rechtspflegers. Nicht der Bund war also geborener Rechtsnachfolger der Missionsgesellschaft, sondern die Missionsgesellschaft selbst musste zunächst einmal rechtlich wieder zum Leben erweckt werden. Und das konnte dauern. Doch Zeit hatte der Bund in diesem Fall nicht, weil die Stadt Neuruppin in ihrem Bebauungsplan bereits neues Bauland auswies. Wenn der Bebauungsplan Gültigkeit erlangt hätte, hätte das für den Bund Evangelisch-Freikirchlicher Gemeinden schmerzliche Konsequenzen gehabt, da der Wert für das Grundstück des Bundes in Neuruppin deutlich gesunken wäre. »Anstelle der vereinbarten fünf Millionen DM hätte es vielleicht noch 1,5 Millionen DM gegeben«, meint Eckhard Schaefer heute. Was also tun?

In den folgenden drei Jahren hatte er immer wieder Angstträume. Die Metro hätte von dem Kaufvertrag durchaus zurücktreten können. Damit rechnete er täglich. Und eines Tages war es dann auch so weit. Im Bundesmissionshaus klingelte das Telefon. Der Bundesdirektor wurde zu einem Gespräch mit einem Vorstandsmitglied der Metro nach Berlin eingeladen. An dieses Treffen erinnert er sich wegen des Ausgangs gerne. Auf dem Flug nach Berlin hatte er Bauchschmerzen. Er nutzte die Zeit zum Gebet, und ihm fielen verschiedene biblische Geschichten ein, die er gerne auch bei der Sitzung erzählen wollte. So hatte diese Begegnung dann auch weniger den Charakter einer Geschäftssitzung als vielmehr den einer Bibelstunde. Man plauderte zunächst über Gott und die Welt, dann kam Eckhard Schaefer auf den Punkt. Zu seinem Gesprächspartner sagte er: »Sie haben mich doch sicherlich hierhergebeten, um mit mir über den Ausstieg aus dem Kaufvertrag zu verhandeln. Ich habe im Flugzeug für unser Treffen gebetet. Darf ich Ihnen vorab eine biblische Geschichte erzählen?« Für seine Geschäftspartner war das ungewöhnlich, doch einem Pastor schlägt man es nicht ab, wenn er eine biblische Geschichte weitergeben will. Und so erzählte er die Geschichte von König David, der ein Fest ausrichten wollte. Obwohl David selbst viele Schafe hatte, ließ er aber das einzige Schaf seines armen Nachbarn schlachten. Der Bundesdirektor ließ keine Unklarheit darüber, was diese biblische Geschichte mit dem aktuellen Fall zu tun hatte: »Im Wirtschaftsteil der Zeitung lese ich, dass die Metro viele Schafe hat. Wir haben als Bund aber nur dieses eine. Und der König David hatte seit dieser Tat immer Trouble mit dem lieben Gott.« Sein Gesprächspartner antwortete: »Herr Schaefer, ich war früher im CVJM und ich kenne diese Geschichte. Ich will mal sehen, was sich machen lässt.« Tatsächlich wartete die Metro nach diesem Treffen noch über zwei Jahre, bis die rechtlichen Voraussetzungen für die Erfüllung des Kaufvertrages geschaffen waren. Und sie bezahlte den vereinbarten Kaufpreis. Bei einer späteren Verhandlung in einem Ministerium war ein Gesprächspartner aus dieser Sitzung mit dabei. Eckhard Schaefer fragte während der Verhandlung, ob er durch eine biblische Geschichte etwas zur Klärung eines Tagesordnungspunktes beitragen könne. Nach dieser Ankündigung seufzte dieser Teilnehmer: »Wenn der uns eine biblische Geschichte erzählt, wird es für uns teuer.«

20. Hilfe für Gemeinden in Osteuropa

Eckhard Schaefer hatte nie vergessen, wo er herkam. Seine familiären Wurzeln lagen in Nordostpreußen. 1974 ist er mit seiner Mutter deshalb noch einmal in seine ehemalige Heimat gefahren, nach Ostpreußen. Allerdings reisten sie nur in das zu Polen gehörende Gebiet, denn ein Besuch im russischen Teil Ostpreußens war damals noch nicht möglich. Und so besuchten sie Goldap, einen Ort in der Rominter Heide, nur vier Kilometer von der russischen Grenze entfernt. Der Vater war dort bis 1937 Pastor gewesen. In Goldap erkundigten sie sich, ob noch Bekannte von früher in der Gegend lebten. Tatsächlich trafen sie einen Polen, mit dem sie sich einigermaßen auf Deutsch unterhalten konnten. Sie heuerten ihn kurz entschlossen als »Reiseführer« an. »Wo hast du so gut Deutsch gelernt?«, wollte der Pastor von ihm wissen. Er erzählte dann, dass er im Zweiten Weltkrieg als Zivilgefangener in Pillau inhaftiert war. Es sei für ihn eine harte Zeit gewesen. Eckhard Schaefers Interesse war geweckt. Er wollte mehr wissen und hakte deshalb nach. Er konnte sich noch gut daran erinnern, dass sich das Lager für die Zivilgefangenen ganz in der Nähe der Bäckerei seines Großvaters befunden hatte. Immer wieder hatte er als Kind miterlebt, wie die Gefangenen an der Bäckerei vorbei zu ihren Arbeitsstellen im Hafen oder in den umliegenden Fabriken marschierten. Zivilgefangene – heute spricht man eher von Zwangsarbeitern. Einige von ihnen waren krank. Er weiß noch, dass sie immer wieder bei seinem Großvater um Weißbrot gebettelt hatten. Sie hatten Hunger und suchten in den Mülltonnen nach Essensresten. Sein Großvater konnte ihnen offiziell nichts geben. Das wäre Verrat am Volksvermögen gewesen. Dafür hätte er schwer bestraft werden können. Aber er hatte trotzdem einen Weg gefunden, um zu helfen und die Not wenigstens ein klein wenig zu lindern. Er hatte eine Mülltonne hygienisch einwandfrei gesäubert. Die benutzte er als Depot für seine Backwaren, die für einige Zivilgefangene bestimmt waren. Alle Backwaren, die dort gelagert wurden, waren sauber verpackt. Das war mit den Gefangenen abgesprochen. Auf diese Weise erhielten einige von ihnen das begehrte Weißbrot, indem sie sich an der Mülltonne selber bedienten. Eckhard Schaefer erzählte diesem Mann, dass er seine Kindheit in der Bäckerei verbracht und jeden Tag den langen Menschenzug, der unter Bewachung vorbeimarschierte, beobachtet habe. »Hieß der Bäcker Schadwinkel?«, fragte der Mann überraschend. Und dann ergänzte er: »Ein guter Mann, immer wieder hat er uns Brot gegeben.« Als sein Gegenüber bejahte, war der ohnehin mit großem Elan engagierte Reiseführer noch mehr bei der Sache. Gerne zeigte er den Gästen aus Deutschland das, was von früher noch übrig geblieben war. Er überschlug sich fast mit seinen Erklärungen. Das, was der Großvater damals Gutes getan hatte, zeigte also noch 30 Jahre später deutliche Auswirkungen.

Zu den Kunden des Großvaters gehörten auch viele Familien, deren Männer als Fischer ihren Lebensunterhalt verdienten. Sie waren durchweg arm. Viele von ihnen konnten das Brot nicht bezahlen. Sie ließen es anschreiben. Manchmal bekamen sie das Brot auch vom Großvater geschenkt. Gelegentlich brachten sie als Gegenleistung Fische mit. Wenn der Großvater das Brot verschenkte, erhielt er dafür natürlich keine Lebensmittelmarken. Daraus hätten sich – theoretisch – Probleme beim Einreichen der Marken bei den Behörden ergeben können. Doch der Großvater ging davon aus, dass trotz aller deutschen Gründlichkeit die Beamten nicht immer alles nachgezählt haben. Jedenfalls hatte der Großvater immer wieder genügend Mehl. Aber wer macht beim Addieren langer Zahlenkolonnen nicht auch heute Fehler?

Allerdings ist es sicher nicht möglich, dieses Verhalten als Widerstand gegen Hitler zu bezeichnen, auch wenn es nicht ganz ohne Risiko war. Der Großvater hatte für den Führer nicht viel übrig. Das obligatorische Hitlerbild hing bei ihm nicht im Laden, sondern es hatte einen Platz in einem für Kunden nicht zugänglichen Nebenzimmer. Und wenn jemand den Laden mit dem Hitlergruß betrat, fügte es sich eigentlich immer so, dass der Großvater gerade ein Backblech in beiden Händen trug und deshalb den Hitlergruß nicht erwidern konnte. Er antwortete nur: »Guten Tag.« Das wurde hin und wieder von Parteianhängern kritisiert. Angezeigt wurde er aber nicht, denn als Bäckermeister war er für die »Heimatfront« ja unentbehrlich. Im kleinen Kreis konnte Eckhard Schaefer mithören, wie der Großvater offen bekannte, dass er zu keinem Menschen, sondern nur zu Jesus Christus »Heil« rufen könne.

Ein zweiter Besuch in Ostpreußen

Später hatte Schaefer wiederholt die Gelegenheit, Ostpreußen zu besuchen, auch den nördlichen Teil seiner Heimat. Dort hatten nach Unterzeichnung der Kapitulationsurkunde ab 1945 die russischen Militärs das Sagen. Die »Kaliningradskaja Oblast« wurde zu einem hermetisch abgeriegelten militärischen Sperrgebiet. Manche Gebiete im ehemaligen Ostpreußen wurden selbst für Bewohner der damaligen Sowjetunion unzugänglich. Dazu gehörte auch Eckhard Schaefers Geburtsstadt Pillau. Zwölf Kilometer vor Pillau heißt es: »Halt. Kontrolle!« Hier mussten alle Züge, Autos, Pferdewagen und Fußgänger stoppen. Nur wer in der Zone dahinter wohnte oder einen Erlaubnisschein hatte, durfte weiterfahren. 1992 war es eigentlich aussichtslos, einen solchen Passierschein zu erhalten. Doch der Pastor hatte prominente Fürsprecher, die dafür sorgten, dass er und seine Mutter die Heimat Pillau wiedersehen konnten. Zu diesen zählte der Bürgermeister von Königsberg. Der kannte den Admiral der Ostseeflotte, der daraufhin selbst den Passierschein unterschrieben hatte.

Diese »Gunst« verdankten die Schaefers den umfangreichen Hilfsaktionen der Osteuropahilfe, einem Hilfswerk des Bundes Evangelisch-Freikirchlicher Gemeinden, für den Eckhard Schaefer zu dem Zeitpunkt leitend tätig war. Bei vielen Transporten wurden nicht nur die Glaubensgeschwister in Königsberg bedacht, sondern auch öffentliche Krankenhäuser. Gemeinsam mit der Sozialdezernentin der Stadt wurde zum Beispiel eine Sozialstation für pflegebedürftige alte Menschen gefördert. Für die Baptisten, die während der kommunistischen Zeit abgeschottet leben mussten, ergaben sich durch diese diakonischen Aktionen offene Türen für ihre Gemeindearbeit. Zuvor konnten sich die Baptisten nur in einem umgebauten Wohnhaus am Stadtrand versammeln. Die Gottesdienstbesucher – überwiegend ältere Menschen – mussten viele Kilometer zu Fuß gehen, um dieses bescheidene »Bethaus« zu erreichen. Die Machthaber erhofften sich, dass die

Gemeindearbeit dadurch erlahmte oder sogar ganz aufgegeben wurde. Sie hatten sich allerdings getäuscht. Wenn der Prediger Königsberg besuchte, bewegte es ihn tief, dass alte und teils gebrechliche Leute manchmal mehrere Stunden Fußweg auf sich nahmen, um zum Gottesdienst zu kommen. Die sozialen und diakonischen Initiativen, für die er sich einsetzte, entpuppten sich auch als Türöffner bei der Stadtverwaltung für Verhandlungen über ein zentral gelegenes Baugrundstück, auf dem dann später ein neues baptistisches Gemeindezentrum errichtet werden konnte. Das Geld für diesen prächtigen Kirchenbau haben Baptisten, meist ehemalige Ostpreußen, aufgrund einer Initiative von Eckhard Schaefer gespendet. Dass er in seiner früheren Heimat im Einweihungsgottesdienst predigen konnte, ist für ihn Anlass zum Staunen und zur Dankbarkeit. Etwas später konnte noch eine Bibelschule auf dem Gelände errichtet werden. Dort werden junge Christen geschult, die inzwischen in mehreren Städten Nordostpreußens Gemeinden gegründet haben.

Mit dem erwähnten Passierschein ging der sehnliche Wunsch von Eckhard Schaefer in Erfüllung, seine Geburtsstadt wiederzusehen. 47 Jahre hatte er darauf gewartet. Der Passierschein beschleunigte seinen Puls und auch das Herz seiner Mutter schlug vermutlich schneller. Die Gedanken überstürzten sich. An der Schranke wurden sie sehr respektvoll behandelt. Die Wachsoldaten schauten immer wieder auf die Unterschrift ihres Admirals. Auf diese ältere Frau und den Mann konnten sie sich keinen Reim machen. Sie hielten sie wohl für Diplomaten in einer höheren Mission, die diesen geheimsten und abgeschottetsten Bezirk im Machtbereich der Sowjetunion besuchen durften. Allerdings musste ein Kapitän als Aufpasser in ihr Auto steigen. Sie konnten diesem Mann bezeugen, dass sie tatsächlich »in höchster Mission« unterwegs waren, nämlich im Auftrag Gottes.

Der große Kurfürst hatte Pillau einmal »mein kleines Amsterdam« genannt. Heute sucht man sein Denkmal dort vergebens. Es existiert lediglich noch der Denkmalssockel. Dahinter befindet sich jedoch immer noch der Leuchtturm, ein von dem bekannten Architekten Schinkel entworfener Bau. Er weist den Seeleuten bis heute den

Weg. Ein Bild dieses Leuchtturms hing 30 Jahre lang im Arbeitszimmer von Eckhard Schaefer. Es hielt die Erinnerung an die verlorene Heimat wach. Pillau war einmal ein Zufluchtshafen für Heimatlose. 1732 waren dort 66 Schiffe mit Glaubensflüchtlingen aus Salzburg gelandet. Sie fanden in Ostpreußen eine neue Heimat. Auch Vorfahren aus der mütterlichen Linie des Pastors waren dabei. Der Geburtsname der Mutter, Schadwinkel, erinnert daran. Pillau ist heute eine trostlose Stadt. Nur wenige Gebäude aus alter Zeit stehen noch. Dafür wurden viele Plattenbauten für Militärangehörige errichtet. Etwa 30 000 Einwohner leben jetzt dort. Wasserleitungen, Abwasserleitungen, Stromversorgung waren 1992 vorhanden, aber so wie früher, als die Stadt nur 12 000 Einwohner zählte. Im Umfeld der früheren Bäckerei der Schadwinkels stehen noch Wohnhäuser von damals, die durch die große Explosion im Januar 1945 nicht zerstört worden sind. Das Haus der Großeltern existiert allerdings nicht mehr. Eckhard Schaefer berichtete später seinen Kindern: »Unsere Besuchszeit ging zu Ende. Das Grundstück der Großeltern hatten wir noch nicht gefunden. Der uns begleitende Offizier wollte uns verabschieden. Da erkannte die Oma die Grundschule wieder, wo sie 70 Jahre zuvor eingeschult worden war. Wir bettelten um Erlaubnis, die Besuchszeit verlängern zu dürfen. Der Offizier musste sich zwar verabschieden. Er meinte aber, dass er uns als Christen wohl vertrauen könne. Er vereinbarte mit uns einen genauen Zeitpunkt, wann wir die Stadt verlassen mussten. Er wollte dann zur selben Zeit bei der Kommandantur eine Meldung machen. So konnten wir ohne Aufsicht und ohne Zeitdruck den alten Schulweg noch einmal gehen und fanden tatsächlich ein sehr verwüstetes Gelände mit wenigen Gartenhäuschen.« Da flossen Tränen. Und gleichzeitig fragte er sich, ob es sich wohl lohnen würde, auf diesem Gelände nach dem kurz vor Kriegsende vergrabenen Silber und Geschirr der Familie zu suchen.

Klarheit darüber brachte ein späterer Besuch in Pillau durch seinen Bruder Dietmar. Er hatte die Gelegenheit, mit den dort lebenden Russen zu reden, die sehr freundlich waren. Sie bestätigten, das Geschirr und Silber der Familie längst gefunden zu haben. Zugleich bedauerten sie sehr, dass die letzte Tasse, die sie dort ausgegraben hatten, vor

Kurzem zerbrochen war. Sie hätten sie gerne als Erinnerungsstück mitgegeben.

Geöffnete Grenzen

Der Zusammenbruch des Ostblocks hatte für Eckhard Schaefer weitreichende persönliche Folgen. Deshalb fühlte er sich innerlich gedrängt, beim Aufbau der Länder des früheren Ostblocks im Rahmen der Möglichkeiten seiner Freikirche zu helfen. Eigentlich hatte er es sich nie vorstellen können, jemals wieder seine frühere Heimat oder auch seine Geburtsstadt besuchen zu können. Das Ende der kommunistischen Diktatur veränderte alles. Auf einmal waren Reisen in den Osten ein Kinderspiel. Durch den Zusammenbruch der Sowjetunion waren überall selbstständige Staaten entstanden – und mit ihnen ebenfalls neue Baptistenbünde. Durch diese Entwicklung sah sich Eckhard Schaefer herausgefordert. Während der Zeit der Sowjetherrschaft hatte es nur einen Baptistenbund gegeben, den Allunionsrat der Evangeliumschristen-Baptisten. Nach 1990 gab es auf dem Gebiet 28 Bünde. Hatte er zuvor mit einer Delegation verhandelt, wenn es um Hilfe und Unterstützung ging, gab es jetzt in allen neuen Nationen eigene Baptistenbünde mit Generalsekretären und Präsidenten. Sie alle hofften, so erinnert sich der Pastor, dass die Baptisten in Deutschland sie unterstützen konnten. Eines hält er deutlich fest: Den neuen Baptistenbünden sei es dabei nie nur um Geld gegangen, sondern immer auch um geistliche Zusammenarbeit. Nachdem die Gemeinden sich über 70 Jahre mehr oder weniger nur hinter verschlossenen Türen versammeln konnten, gab es jetzt viele neue Chancen für die Mission. Und das in aller Öffentlichkeit.

Für Schaefer gab es gleich mehrere Motive, warum er sich gerne für die neuen Baptistenbünde und für deren missionarischen und diakonischen Auftrag engagieren wollte. Da war natürlich zunächst die Erinnerung an seinen eigenen Geburtsort. Es gab aber auch historische Gründe. Der Dozent für Kirchengeschichte am Theologischen Seminar, Günter Balders, hatte ihm eine Aufstellung gegeben, nach der in fast allen Ländern Osteuropas Baptisten aus Deutschland Mitte und Ende des 19. Jahrhunderts als Gründer der jeweiligen nationalen

Baptistenbünde tätig gewesen waren. In der Anfangsphase waren die Beziehungen so eng, dass diese nationalen Bünde sogar als »Vereinigungen« des deutschen Bundes geführt wurden. Manche Folgen dieser einst engen Kontakte sind bis heute zu spüren. So gibt es eine große Übereinstimmung beim historischen Liedgut. In den früheren Jahren hatten viele Theologen dieser Bünde ihre Ausbildung am Theologischen Seminar des deutschen Bundes in Hamburg absolviert. Eckhard Schaefer war fasziniert davon, welche Strapazen und welchen Zeitaufwand die Väter-Generation auf sich genommen hatte, um in diese Länder reisen zu können. Aus der Beschäftigung mit der Geschichte erwuchs für ihn eine neue Verpflichtung: Er wollte die neuen offenen Türen als Herausforderung für eine umfangreiche Osteuropahilfe nutzen. Und er war beeindruckt von der Glaubenszuversicht dieser Geschwister.

Von Anfang an waren diese Beziehungen nie nur ein Geben durch den deutschen Bund, sondern es gab auch ein Nehmen. Es waren partnerschaftliche Beziehungen auf Augenhöhe. Vertreter Osteuropas wurden nun natürlich wieder zu den Bundeskonferenzen nach Deutschland eingeladen. Sie konnten kommen, und sie kamen auch. Ihre Berichte vom Gemeindewachstum und von ihren Gotteserfahrungen waren für viele Deutsche glaubensstärkend. Es ging Eckhard Schaefer auch darum, dass die Hilfe für Osteuropa nicht nur eine Einbahnstraße war. Er hatte dabei ein Bibelwort aus dem Römerbrief vor Augen. Paulus schreibt in Kapitel 1,11-12: »Denn mich verlangt danach, euch zu sehen, damit ich euch etwas mitteile an geistlicher Gabe, um euch zu stärken, das heißt, damit ich zusammen mit euch getröstet werde durch euren und meinen Glauben, den wir miteinander haben.« Diese biblische Erfahrung wollte Eckhard Schaefer auch beim Bau des Bildungszentrums in Elstal umgesetzt wissen – und zwar ganz praktisch.

Praktische Helfer aus dem Osten

Bei Besuchen in den Baptistenbünden Osteuropas hatte er erlebt, wie geschickt die Männer sich bei praktischen Arbeiten anstellten. Überall waren in Eigenleistung neue Gotteshäuser entstanden. Dieses Know-how wollte er auch beim Um- und Ausbau des Bildungszentrums Elstal in Deutschland einsetzen. Einige Verhandlungen mit den Behörden waren vorab nötig. Doch dann gab es grünes Licht und die Helfer konnten kommen. So traf schließlich die erste Gruppe von 30 freiwilligen Bauhelfern aus Moldawien in Elstal ein. Eckhard Schaefer hatte sich in seiner Einschätzung im Blick auf die Fähigkeiten der Osteuropäer nicht getäuscht. »Wer kann tischlern?«, wurden sie gefragt. Alle Hände gingen hoch. »Wer hat Erfahrungen im Sanitärbereich?« Wieder wurden alle Hände gehoben. »Wer kennt sich mit der Elektroinstallation aus?« Erneut meldeten sich alle. Letztlich konnte jeder der freiwilligen Helfer in allen notwendigen Arbeitsbereichen in Elstal eingesetzt werden. Während ihres Einsatzes wohnten die Männer unweit des Bildungszentrums in einem Haus direkt am Rangierbahnhof Elstal. Bis dort auch die ersten Personenzüge wieder hielten, die das Bildungszentrum mit der weiten Welt verbanden, sollten noch einige Jahre vergehen.

Es gab allerdings ein Problem: Die Männer hatten weder Werkzeug noch Arbeitskleidung. Doch auch hier gab es Hilfe, von gänzlich unerwarteter Seite: nämlich von der aufgelösten Nationalen Volksarmee der DDR. Helmut Sonnenberg, der den Hilfsdienst koordinierte, wurde bei der zuständigen Behörde vorstellig und fragte nach, ob sie nicht 300 Arbeitsanzüge für die Helfer günstig erwerben könnten. »300 nicht«, hieß es, »sondern 30 000 oder gar keine.« Sämtliche Bestände sollten aufgelöst werden. Also nahmen die Baptisten alle 30 000 Anzüge, denn sie waren sehr billig. 300 wurden abgezweigt und die übrigen nach Osteuropa gebracht.

Bei der Suche nach einem Schaufelbagger wurde den frommen Bauleuten erklärt, dass es auch günstig Lastwagen gab. Natürlich hätte man einen Lastwagen in Elstal gut gebrauchen können. Doch einen Lastwagen allein kaufen, das ging ebenso wenig, wie es bei der Arbeitskleidung der Fall gewesen war. Man musste gleich 49 Stück nehmen, zum Stückpreis zu je 2 500 DM. Wieder wurde einer behalten, die anderen nach Osteuropa gebracht. Jede Gemeinde, die gerade ein Gemeindehaus baute, erhielt einen Lastwagen. Die Verantwortlichen dort waren dankbar für diese gänzlich unerwartete und doch willkommene Hilfe aus Deutschland, denn der Lastwagen versetzte sie in die Lage, Baumaterial besorgen zu können.

Wie im Gleichnis

Der Einsatz der freiwilligen Bauhelfer – neben Moldawien kamen sie auch aus Weißrussland und der Ukraine – wurde für jede der entsendenden Gemeinden zu einem echten Segen. Für jeden Bauhelfer erhielt die betreffende Gemeinde 400 DM im Monat vom deutschen Bund als Unterstützung sowie einen der bereits genannten Lastwagen. So wurden nicht nur die alten, baufälligen Häuser in Elstal renoviert und die neuen gebaut, sondern parallel dazu entstanden in diesem Zeitraum auch über 40 Gemeindehäuser in Osteuropa. Auch die deutschen Gemeinden standen hinter dieser Arbeit und legten teilweise hohe Beträge zusammen, damit dieses Geld in Osteuropa eine Segensspur hinterlassen konnte: »Das war wie eine moderne Version des Gleichnisses von den fünf Broten und zwei Fischen«, erinnert sich Eckhard Schaefer. Offenbar hatte das Geld aus Deutschland in Osteuropa viel mehr Wert. So konnte in Osteuropa beispielsweise für 10 000 bis 15 000 DM ein komplettes Gemeindehaus errichtet werden. Neben der materiellen Unterstützung der Menschen dort ging es ihm aber immer auch um geistliche Unterstützung. So sicherte er den Bünden für drei Jahre Unterstützung von 150 einheimischen Evangelisten zu. Nur 100 Mark waren jeden Monat nötig, um die Familie eines solchen Evangelisten oder Gemeindegründers zu finanzieren und gleichzeitig sogar alle anfallenden Reisekosten zu begleichen. Tatsächlich zeigten sich in Deutschland viele Gemeinden und auch Einzelspender interessiert, entsprechende Patenschaften zu übernehmen. Innerhalb von sechs Jahren lieferte die Osteuropahilfe Hilfsgüter und Waren im Gesamtwert von über 120 Millionen DM nach Osteuropa. Dazu gehörten Bibeln und Gesangbücher, aber auch komplette Klinikeinrichtungen, Bäckereien,

Lehrlingswerkstätten und Möbel für Schulklassen. Zu ihrer Blütezeit hatte die Osteuropahilfe mit Sitz in Wernigerode im Harz ständig drei Lastwagen im Einsatz. Die 40-Tonner pendelten ohne Unterbrechung zwischen Deutschland und den Zielländern in Osteuropa. Zwölf Mitarbeiter aus Moldawien hatten hier Arbeitsplätze gefunden. Der Pastor ist Gott dankbar, dass immer genug Geld da war, um die Transporte durchzuführen. Es konnten auch immer die nötigen Helfer gefunden werden, damit die Hilfe die Menschen in Osteuropa auch wirklich erreichte. Während andere Hilfswerke oft klagten, dass es für sie Probleme an den Grenzen gab, machten die aus Osteuropa stammenden Fahrer der Osteuropahilfe fast durchweg nur positive Erfahrungen.

Baptisten spenden das tägliche Brot

Auch Eckhard Schaefer kann über viele positive Fügungen berichten, denn natürlich sprach sich herum, dass die Baptisten über ganz ungewöhnliche Kontakte in Richtung Osteuropa verfügten. Eines Tages erhielt er einen Anruf aus Berlin. Man könne eine komplette Großbäckerei für 15 000 DM haben. Sie sei leistungsfähig genug, täglich 60 000 Menschen mit Backwaren zu versorgen. Wenig später rief ein Frühpensionär an. Er fragte an, ob er nicht irgendwo helfen könne. Der Bundesdirektor staunte nicht schlecht, als er hörte, dass der Anrufer ursprünglich einmal Bäcker gewesen war. Prompt hatte er einen Vorschlag parat: Der Mann könne sich nun darum kümmern, dass aus der einen Großbäckerei drei funktionsfähige kleinere Bäckereien würden – was der Mann auch mit Hingabe tat. Seitdem gibt es drei Orte in Osteuropa, in denen die Gemeinden nicht nur am Sonntag das »Brot des Lebens«, Jesus Christus, bezeugen, sondern ganz praktisch werktags auch ihre Nachbarn mit Brot versorgen.

Darüber hinaus wurden auch dringend benötigte Arbeitsplätze geschaffen. Als in der Ukraine eine Bibelschule gegründet wurde, konnte die Osteuropahilfe ein Hotel komplett ausräumen und das benötigte Inventar liefern. Diese umfangreiche Arbeit wurde fast ausschließlich mit ehrenamtlichen Mitarbeitern durchgeführt. Zwei Ruheständler bildeten mit Eckhard Schaefer ein schlagkräftiges Team.

Pastor Heinz Szobries war für die Öffentlichkeitsarbeit verantwortlich, und ein Kaufmann aus Wernigerode, Helmut Sonnenberg, war für die Hilfstransporte zuständig. Insgesamt 506 Transporte organisierte dieser in sechs Jahren – ein erfolgreiches kleines Speditionsunternehmen. Bei sich ständig ändernden Zollbedingungen und Einfuhrerlassungen waren die Transporte keine leichte Aufgabe. Im Laufe der Jahre hat die Arbeit ihren Charakter immer wieder verändert. Sie wurde an die jeweiligen Notlagen angepasst. In den ersten Jahren wurden vor allem Lebensmittel und Kleidungsstücke geliefert. Auch da profitierte die Arbeit von den internationalen Kontakten. So erfuhr Eckhard Schaefer vom damaligen Präsidenten und späteren Generalsekretär der Europäischen Baptistischen Föderation, Theo Angelov, dass sich auch die Baptisten in Bulgarien im Rahmen ihrer Möglichkeiten gerne engagieren wollten. Ihm kam die Idee, dass von Bulgarien aus eine Hilfsaktion nach Mazedonien gestartet werden könnte. Die dafür benötigten Lebensmittel konnten in Bulgarien eingekauft und von den Gemeindemitgliedern dort transportiert werden. Das hatte zwei Vorteile: Die Transportkosten konnten gesenkt und zugleich das Selbstwertgefühl der Bulgaren gestärkt werden. Denn nun waren sie in der Lage, selber anderen Menschen in Not zu helfen. Sie mussten nicht länger nur allein Empfänger der Hilfe bleiben.

Viele Menschen engagierten sich für die Osteuropahilfe, die mit dem Bund Evangelisch-Freikirchlicher Gemeinden oder den Baptisten gar nichts zu tun hatten, etwa im sächsischen Chemnitz. In Sachsen gab es ein besonderes Programm der Landesregierung. Ingenieure und Facharbeiter konnten als Folge des Arbeitsplatzmangels in der Region bereits mit Mitte 50 aus dem aktiven Dienst ausscheiden. Doch bis sie offiziell in die Frühpensionierung gehen konnten, waren sie in ein besonderes von der Regierung finanziertes Beschäftigungsprogramm eingebunden. Die Männer arbeiteten Maschinen auf. Dazu wurde der komplette Maschinenpark von Firmen, die Insolvenz anmelden mussten, in eine große Werkhalle nach Chemnitz gebracht, ebenso Krankenhauseinrichtungen. Diese Fachleute hatten nun die Aufgabe, die Maschinen komplett zu überholen. Natürlich gehörte es dazu, diese Maschinen auch neu zu lackieren, sodass sie beinahe wie neu aussahen.

Die Osteuropahilfe konnte ganze Krankenhauseinrichtungen nach Osteuropa bringen, die in Chemnitz auf Vordermann gebracht worden waren. Viele Gemeinden dort sind heute noch ganz glücklich, wenn sie an diese Hilfsaktionen denken, denn nicht wenige Gemeindemitglieder fanden im Zuge dieser Hilfsaktionen auch eine Arbeitsstelle. Zugleich gewannen die Baptisten an gesellschaftlichem Ansehen. Da kam beispielsweise sogar der Bürgermeister der ukrainischen Hauptstadt Kiew zur Eröffnung einer Tischlerwerkstatt. Er lobte die Baptisten für ihre Innovationskraft, neue Arbeitsplätze geschaffen zu haben. Zugleich äußerte er aber auch den Wunsch, für ein Krankenhaus auch noch Betten und Röntgengeräte zu bekommen. Den Verantwortlichen der ukrainischen Baptisten war klar, an welche Adresse sie diese Bitten weiterleiten sollten: an die Osteuropahilfe der deutschen Baptisten. Und in der Regel konnten tatsächlich die Wünsche erfüllt werden, wenn auch nicht ganz selbstlos. Die Baptisten vor Ort profitierten ebenfalls von diesen Kontakten. So fand der Präsident der Baptistenunion, Greogrij Komendant, beim Bürgermeister von Kiew immer ein offenes Ohr. Diese Kontakte brauchte er auch, wenn er einer Gemeinde helfen wollte, in einem Stadtteil von Kiew ein Grundstück für einen Gemeindeneubau zu finden. Es war ein Geschäft auf Gegenseitigkeit: Der Bürgermeister erhielt aus Deutschland die dringend benötigten Röntgengeräte und die Baptisten ihr ebenso dringend benötigtes Grundstück.

Wie in der Apostelgeschichte

Wenn es in der Apostelgeschichte heißt, dass die ersten Christen einen guten Ruf beim ganzen Volk hatten, weil sie alles miteinander teilten, so machten die Baptisten in Osteuropa rund 2 000 Jahre später ganz ähnliche Erfahrungen – dank der Osteuropahilfe. Da gab es zum Beispiel in Bulgarien eine frühere Kolchose. Das Land war den ehemaligen Besitzern zurückgegeben worden, damit sie es privat bewirtschaften konnten. Doch das war ein mühseliger Neustart, da die Bauern praktisch vor dem Nichts standen. Außer ihrer Muskelkraft besaßen sie keine landwirtschaftlichen Geräte. Die Baptisten unter den Bauern sannen auf Abhilfe. Sie bildeten zunächst eine Genossenschaft. Die setzte sich mit der Osteuropahilfe in Verbindung und bat um entsprechende Geräte, die ihr die Arbeit erleichtern sollten. Tatsächlich konnte die Osteuropahilfe auch hier helfen. Die baptistischen Genossen erhielten einen Traktor, weitere technische Hilfsmittel und Saatgut. Später bekam Eckhard Schaefer von diesen Bauern einen ihn stark anrührenden Dankesbrief. Gott habe ihnen eine gute Ernte geschenkt. Sie hätten ihre Familie von den Erträgen nicht nur versorgen können, es habe auch das Saatgut für die nächste Saat abgezweigt werden können; und ein Drittel des gesamten Erlöses hätten sie für Kranken- und Waisenhäuser in ihrer Region spenden können. Den Kontakt zu diesen Landwirten hat er inzwischen verloren. Aber er geht davon aus, dass sich diese Segenslinie weiter fortsetzt. Es war immer das Ziel der Osteuropahilfe, nicht nur akute Nöte zu lindern. In Bulgarien und auch andernorts war die Hilfe immer grundsätzlich als Hilfe zur Selbsthilfe angelegt, sodass aus Empfängern Geber werden konnten.

Bitte um Vergebung

Bei seinen Reisen nach Osteuropa machte Eckhard Schaefer ihn sehr bewegende Erfahrungen. So haben sich nach mehr als 60 Jahren ukrainische Christen für ein Massaker an Schwarzmeerdeutschen entschuldigt. Dies erlebte er bei einer Studienreise. Bis zum Zweiten Weltkrieg wohnten in dem Dorf Nowogradowa bei Odessa überwiegend Nachfahren von Deutschen, die im 18. Jahrhundert einer Einladung des russischen Zaren zur Besiedlung der nördlichen Schwarzmeerküste gefolgt waren. Die meisten wurden 1941 nach Sibirien und Kasachstan deportiert, ein Teil ins Deutsche Reich umgesiedelt. Dazu gehörten die Bewohner von Nowogradowa. Nach Kriegsende wurde ihnen die Rückkehr in die ehemaligen Siedlungsgebiete versprochen, tatsächlich brachte man sie ebenfalls nach Westasien. Erst seit den 60er-Jahren durften sie ans Schwarze Meer zurückkehren. Bis heute haben die Dörfer ihren früheren Charakter bewahrt. Zahlreiche Häuser tragen noch deutsche Inschriften, wie der Bundesdirektor feststellte. Auch im Giebel des Gemeindehauses der Baptistengemeinde von Nowogradowa ist deutlich zu erkennen, dass ein

Edgar Höhn das Haus 1928 erbaute. Deutsche Baptisten kauften es für 2 700 Euro und übergaben es der örtlichen Baptistengemeinde. Deren Mitglieder entkernten das Gebäude und strichen es neu, schufen einen Versammlungsraum und setzten einen Turm auf das Dach. Bei der Einweihung berichtete eine alte Frau auf Deutsch aus der Geschichte des Dorfes. 1938 hatte der stalinistische Geheimdienst im Zuge antideutscher Pogrome 37 Familien zusammengetrieben. 60 Männer waren gefoltert und erschossen worden; die Leichen hatte man in einen 20 Meter tiefen Brunnen auf dem Hof der Familie Höhn geworfen. An der Scheunenwand waren noch die Löcher von den mörderischen Schüssen deutlich zu sehen. Spontan bat der ehemalige Superintendent für die baptistischen Gemeinden in der Region Odessa und Präsident des Theologischen Seminars Odessa, Vladimir P. Shemcheshin, um Verzeihung für das Verbrechen an den Deutschen. Er bekräftigte zusammen mit Eckhard Schaefer die christliche Überzeugung, dass Gott Orte des Unheils in Orte des Friedens verwandeln könne. Wo früher das Blut vieler Unschuldiger vergossen worden sei, werde heute im Gottesdienst bekannt, dass das Blut Jesu Christi Menschen zu einem neuen Leben befreie. Die Baptistengemeinde von Nowogradowa hat heute rund 40 Mitglieder.

Bei einem anderen seiner Besuche in Moskau bat eine Frau nach der Predigt die Gemeinde um Fürbitte. Sie hatte eine schwere Gehirnoperation vor sich. Die Ursache für diesen medizinisch aufwendigen Eingriff lag weit zurück. Als Zwangsarbeiterin war sie in Deutschland geschlagen worden. Eckhard Schaefer ging auf die Frau zu und bat als Deutscher für diese Grausamkeit um Vergebung. Da floss bei den Anwesenden ein Meer von Tränen. Doch auch Gottes heilende Gegenwart war spürbar.

Eine ähnliche Erfahrung machte er mit einem Generalsekretär eines osteuropäischen Landes. Der erzählte bei einem Treffen, dass seine Frau seit dem Zweiten Weltkrieg unter Depressionen litt. Sie war von deutschen Soldaten vergewaltigt worden. Als Eckhard Schaefer davon hörte, kniete er sich nieder und bat stellvertretend für das erlittene Unrecht um Vergebung. Dieser leitende Baptist kam bei einer späteren Begegnung zu ihm und sagte: »Ich habe eine Frau, die wieder lachen kann. Ich habe ihr von unserer Begegnung erzählt. Das hat sie so stark angerührt, dass sie weinen musste. Sie sagte mir: Wenn ein Deutscher, der damals noch Kind war, um Vergebung bittet, dann sollte ich nicht mehr traurig sein.« Diese Frau erlebte dadurch eine innere Heilung dieser schrecklichen Wunde.

Einweihung in Königsberg

Der 23. August 1998 war für Eckhard Schaefer ein besonderer Tag. Nach vierjähriger Bauzeit war in Königsberg/Kaliningrad das baptistische Gemeindehaus eingeweiht worden. Der große Saal hatte 500 Sitzplätze. Auf zusätzlichen Bänken waren noch etwa 300 weitere Gottesdienstbesucher untergebracht. Allein aus Deutschland waren mehr als 100 Gäste angereist, darunter auch seine Mutter, seine Tante und sein Bruder. Für ihn war es emotional bewegend, in seiner früheren Heimat die Festpredigt zu halten. Viele Gemeinden und Einzelspender hatten mitgeholfen, dass dieser imposante Bau errichtet und dann auch eingeweiht werden konnte. Aus Deutschland kamen Geld- und Materialspenden, der Bau selbst wurde in Eigenleistung errichtet.

Neben dem Gemeindehaus, der Friedenskirche, konnten ein Gästehaus und eine Bibelschule gebaut werden. Eckhard Schaefer freut sich noch heute, dass der deutsche Baptistenbund den Bau der Bibelschule fördern konnte. Der Unterricht dort wird aber, weil die deutsche Osteuropahilfe sehr reduziert wurde, von anderen Lehrkräften aus Deutschland gestaltet. Dabei würde er sich sehr wünschen, dass das im deutschen Bund gelebte Gemeindeverständnis auch in Nordostpreußen den Gemeindeaufbau prägen würde.

50 Jahre lang hätte es Eckhard Schaefer sich nicht träumen lassen, Königsberg und seine Heimatstadt Pillau jemals wieder zu besuchen. Aus Anlass der Einweihung konnte er durch die Vermittlung eines Bekannten nun sogar mit einem Privatflugzeug nach Königsberg fliegen. Dieser Flug ist ihm in bester Erinnerung: »Wir flogen mit Flugregeln, die auch für blindfliegende Passagiermaschinen gelten, das heißt mit einer kleinen Cessna in 6 000 Metern Höhe. Wir flogen von Berlin nach Danzig und von dort nach Königsberg-Powunden (Chrabrowo), dem internationalen Flughafen. Die Flugstrecke führte uns über Tie-

fenhof zum Frischen Haff, Pillau kam in Sicht und schon lag die Landesbahn vor uns. Wir stellten die Maschine vor dem alten und vergammelten Flughafengebäude ab, bestaunt und bewundert von Polizisten und Zollbeamten. Wir waren an diesem Tag vermutlich die einzigen internationalen Gäste. Deshalb ließen sich die Zollbeamten viel Zeit, sich um uns zu kümmern. Die 50 000 DM, die ich für den Fortgang des Baus bei mir hatte, haben sie aber trotz sorgfältiger Kontrolle nicht entdeckt. Auf dem Rückflug mussten wir wegen des militärischen Sperrgebiets Königsberg in 5 000 Metern Höhe verlassen. Wir hätten ja militärische Geheimnisse auskundschaften können. Um diese Höhe zu erreichen, flog der Privatpilot mehrere Schleifen über das streng abgeriegelte Pillau. Ich konnte aus dem kleinen Fenster der Cessna in fast jede Küche in Pillau gucken.«

Hohe Auszeichnungen

Wie viele Bibelschulen und neue Gemeindezentren in Osteuropa durch die Osteuropahilfe seiner Freikirche letztlich entstanden sind, weiß Eckhard Schaefer nicht. Bis heute aber trifft er immer wieder auf Spuren und Auswirkungen dieser Hilfe. Das war etwa auch bei seiner Verabschiedung in den Ruhestand im Mai 2000 der Fall. Da wurde ihm in Würdigung gerade dieser diakonischen Arbeit das Kronenkreuz in Gold des Diakonischen Werks der Evangelischen Kirchen in Deutschland (EKD) überreicht. Eine hohe Auszeichnung bekam er auch aus dem Ausland. Das Baptistische Theologische Seminar in Kiew in der Ukraine und das »Mid-America Baptist Theological Seminary« in Memphis/Tennessee verliehen ihm gemeinsam die theologische Ehrendoktorwürde. Zwei langjährige Freunde überreichten damals diese beiden hohen Anerkennungen. Das Kronenkreuz nahm Schaefer aus den Händen des damaligen Präsidenten des Bundes, seines früheren Studienkollegen Dr. Wolfgang Lorenz (Berlin), entgegen; die Ehrendoktorwürde verlieh ihm der Präsident der Baptisten in der Ukraine, Gregorij Komendant. Wolfgang Lorenz sagte: »Gott hat dich als Werkzeug der Liebe Jesu in reichem Maße gesegnet.« Auch der Generalsekretär des Baptistischen Weltbundes, Dr. Denton Lotz (Falls Church bei Washington), war bei der Feier zugegen. Er unterstrich die Bedeutung des deutschen Baptistenbundes für die Entwicklung der Baptistenbünde nach dem Zusammenbruch des Kommunismus in Osteuropa. Die deutschen Baptisten hätten sich finanziell und personell außerordentlich stark engagiert.

Eine Segensspur läuft sich aus

Und nun? Inzwischen sind die Wünsche von Eckhard Schaefer im Blick auf Osteuropa bescheidener geworden. Manchmal überfällt ihn eine große Traurigkeit, denn nach seinem Ausscheiden aus dem aktiven Dienst ist dieser Arbeitszweig deutlich reduziert worden. Die Hilfstransporte wurden als Folge der angespannten Finanzsituation in seiner Freikirche sogar ganz beendet, da sie natürlich kostspielig waren, auch wenn sie aus Spendenmitteln finanziert wurden. Er räumt auch ein, dass er wohl mit einem »verklärten Blick« in Richtung Osten schaut.

Einen Wunsch hat er jedoch noch. Er würde gerne zusammen mit seiner Frau und den Familien seiner drei Töchter einmal zur Kurischen Nehrung fahren, der fast 100 Kilometer langen schmalen Halbinsel zwischen Memel und Sarkau, heute Klaipeda und Lesnoje. Er will ihnen nicht nur die Große Düne bei Nidden zeigen, die eine der größten Sanddünen Europas ist. Der Küstenstreifen, der das Kurische Haff von der Ostsee trennt, ist von der UNESCO zum Weltkulturerbe erklärt worden. Er möchte ihnen auch zeigen, wo seine persönlichen Wurzeln liegen und wo es einst blühende Baptistengemeinden gegeben hat. Die meisten dieser einst deutschen Gemeinden gibt es heute nicht mehr. Doch neue sind entstanden, in Litauen wie in Russland. Die Begeisterung für diese Gemeinden und ihren Weg nach dem Fall der Sowjetunion ist bei ihm geblieben. Die Freude über diese Entwicklung konnte ihm nicht genommen worden. Und wer ihn kennt, wird verstehen, dass diese Begeisterung ansteckend ist.

21. Eintritt in den Ruhestand und Bundeskrise

Die Arbeit im Bundesdienst empfand Eckhard Schaefer nicht nur als Zuckerschlecken. »Zwölf Jahre habe ich zwischen Pflicht und Kür zu unterscheiden gelernt. Zur Pflicht gehörten die Mitarbeit in Gremien, die nicht meine erste Wahl waren, Vorbereitungen von Sitzungen und Wahrnehmungen von verschiedenen Vertretungen des Bundes. Zur Kür gehörten Predigtdienste, Kontaktpflege zu Kollegen und Gemeinden, die Mitarbeit im Baptistischen Weltbund«, fasst er heute seine Erfahrungen aus dem Bundesdienst zusammen. Als die Amtszeit im Juli 2000 zu Ende ging, erreichte er auch die Pensionsgrenze. Die letzten zwölf Jahre seines aktiven Dienstes im Berufsleben sind mit einschneidenden Begegnungen und Erlebnissen verbunden, aber auch mit Weggefährten, die ihm unvergesslich bleiben. Er berichtet noch nach Jahren von der intensiven Zusammenarbeit mit der jeweiligen Bundesleitung, besonders von der Vertrauensbeziehung zu den beiden Präsidenten, Walter Zeschky und Dr. Wolfgang Lorenz, sowie zu seinem Mitstreiter Gerd Rudzio. Auch die Kontakte zu den Mitarbeitern im Bundesmissionshaus und vielen Kollegen in den Gemeinden beschränkten sich nicht nur auf eine sachliche Zusammenarbeit. Da sind Freundschaften entstanden. Und manch einem Kollegen konnte bei geistlichen Problemen beigestanden werden. Das Büro des Generalsekretärs war nicht nur ein Beratungsraum für Dienstgespräche, sondern auch »Gebetskämmerlein nach persönlichen Begegnungen«.

Bei den öffentlichen Abschiedsfeiern im Bundesrat sowie bei der hausinternen Feier im Juli 2000 im Bundesmissionshaus in Bad Homburg kam das deutlich zum Ausdruck. Viele Gemeinden und auch einzelne Gläubige schrieben ihm teilweise lange Briefe, in denen sie die Verbundenheit und Wertschätzung für seinen Dienst bekundeten. Dieses Vertrauen wird ihm bis heute – auch Jahre nach dem Ausscheiden aus seinem aktiven Dienst – entgegengebracht. In 140 Gemeinden hat er in den ersten sieben Jahren seines Rentnerdaseins als Gastredner von Bibelwochen oder als Sonntagsprediger gesprochen.

Umso überraschter war Eckhard Schaefer, als im Frühjahr 2002 auf zwei Bundesratstagungen seiner Freikirche in einer bis dahin nicht gekannten Form eine Vertrauenskrise in den Beziehungen von Verantwortungsträgern deutlich wurde. Das wurde durch öffentliche Voten untermauert. Auch wenn er nicht mehr im Dienst war, so war er darüber sehr erschrocken – wie viele Gemeindevertreter ebenfalls. So kannte er den Bund nicht. Dass schließlich die gesamte Bundesleitung zurücktrat und alle zu dem Zeitpunkt amtierenden Bundesdirektoren ihren Dienst beendeten, hätte er sich niemals vorstellen können. Er empfand dies als tiefen Einschnitt. Parallel dazu wurde deutlich, dass es erhebliche finanzielle Probleme gab. Für die Schulterung der Folgekosten für das Bildungszentrum Elstal mangelte es an der nötigen Liquidität. Das galt auch für das gleichzeitig auf dem Gelände des Bildungszentrums Elstal errichtete diakonische Projekt. Dort waren 102 Seniorenwohnungen entstanden. Auch fünf Jahre nach diesen Erfahrungen betonte der von 2002 bis 2007 amtierende Präsident des Bundes, Siegfried Großmann, auf der Bundeskonferenz 2007 in Kassel, »dass es keine einfache und einleuchtende Beschreibung der Gründe für die Krise im Bund gab. Sie war wie ein Gewitter, das sich langsam aufbaut, über den Bund hereingebrochen. Als Übergangsbundesleitung verzichteten wir bewusst auf Schuldzuweisungen.« Die Gemeinden fragten – natürlich – nach den Ursachen. Und es wurden nach Überzeugung von Eckhard Schaefer dabei auch Antworten gegeben, die viel Spielraum für Fantasien ließen. Da wurde zum Beispiel behauptet, dass man den früheren Dienstträgern – also auch ihm – sehr viel Vertrauen entgegen gebracht hätte, aber vielleicht auch zu wenig Kontrolle. Die Visionäre hätten den Ton angegeben und die fachlich kompetenten Mahner hätten es deshalb schwer gehabt, ihrer Verantwortung nachzukommen. Es lag deshalb auf der Hand, dass Freunde und Kritiker von ihm wissen wollten, welche Mitverantwortung er wirklich trug – und das zwei Jahre nach seiner Pensionierung. Er hat sich diesen Anfragen nicht entzogen. Die Planungen und die Kostenentwicklung für den Bau in Elstal hatte er seit 1996 nicht mehr verantwortet. In einer Erklärung vor dem Bundesrat hat er betont, dass er nach der Vereinigung der beiden Baptistenbünde in Ost und West alle finanziellen Entscheidungen bis zum Frühjahr 1996 in Zusammenarbeit mit der Finanzabteilung und den Finanzsachverständigen des Bundes getroffen hat. Ebenso wurden alle finanziellen Belange der Missionsgesellschaft bis zu deren Auflösung von diesen Gremien beraten und beschlossen. Für die Planungen und die Kostenentwicklung war er nach diesem Zeitpunkt nicht mehr zuständig. 1996 hat er seinen letzten Bericht auf der Delegiertenversammlung des Bundes über die Entwicklung des Bauvorhabens gegeben. Auf der Grundlage eines Vorschlags einer in Berlin sehr bekannten Baubetreuungsfirma konnte er den Delegierten mitteilen, dass die Kostenentwicklung sich im Rahmen des bereits 1994 getroffenen Grundsatzbeschlusses bewegte. Mehrkosten, die zu dem Zeitpunkt bereits zu erkennen waren, konnten durch die Mitarbeit vieler freiwilliger Bauhelfer – vor allem aus Osteuropa – ausgeglichen werden.

Von 1993 bis zum Frühjahr 1996 war Schaefer für die Suche und den Erwerb eines geeigneten Grundstücks zuständig, auch für die Erstellung des Raumprogramms gemeinsam mit den Institutsleitern, für den Architektenwettbewerb und die Vorbereitung der Beratungs- und Entscheidungsvorlagen für die Bundesratstagungen 1994 bis 1996. Damit verbunden war eine intensive Öffentlichkeitsarbeit in den Gemeinden. Er ist dankbar, dass sein intensives Werben um finanzielle Unterstützung von den Gemeinden schon bereits in der Planungsphase positiv aufgegriffen worden ist. Viele Spenden sind eingegangen. Er sieht auch darin einen großen Vertrauensbeweis für seine Arbeit.

Eckhard Schaefer hat es sehr begrüßt, dass er ab dem Frühjahr 1996 die Verantwortung für die bauliche Umsetzung des Bildungszentrums und der Seniorenwohnanlage nicht mehr tragen musste. Allerdings gehörte er auch anschließend noch dem Bauausschuss als Mitglied an. Deshalb steht er zu seiner Mitverantwortung für Entwicklungen und Entscheidungen während der Bauzeit, sofern sie im Bauausschuss beraten und beschlossen wurden. Er meint: »Diesen Sachverhalt möchte ich einmal öffentlich festhalten. Für das Archiv des Bundes und für meine Kinder habe ich das viel ausführlicher schriftlich getan und durch Protokollauszüge alles belegt. Nicht persönliche Kränkung zählt, wenn ich auch bei manchen Gerüchten gemerkt habe, dass ich keine Hornhaut habe. Ob ich bei allen Entscheidungen nützlich und kompetent war, mögen andere beurteilen. Aufrichtig und berechenbar wollte ich aber immer sein.« Als Eckhard Schaefer am Theologischen Seminar in Hamburg seinerzeit Pastoraltheologie unterrichtete, war für ihn der 2. Korintherbrief ein Musterbeispiel für pastoraltheologische Fragen: »In allem erweisen wir uns als Diener Gottes: […] in bösen Gerüchten und in guten Gerüchten, als Verführer und doch wahrhaftig; […] als die Traurigen, aber allezeit fröhlich« (2. Korinther 6,4.8.10a).

Der Bund wird umgestaltet

Im Bundesmissionshaus haben sich die Verantwortlichen oft Gedanken gemacht, wie sie mit einem verhältnismäßig kleinen Mitarbeiterstab die Arbeit in einem Bund selbstständiger Gemeinden möglichst effektiv gestalten konnten. Gerd Rudzio und Eckhard Schaefer hatten beispielsweise eine Verkleinerung der damaligen Bundesleitung vorgeschlagen. Doch die Zeit dafür war noch nicht reif. Erst später wurde entschieden, die Anzahl der Mitglieder der Bundesleitung zu halbieren und das Gremium dann in Bundespräsidium umzubenennen. Kurz vor Ende der Dienstzeit von Eckhard Schaefer hatte sein jüngerer Kollege Lutz Reichardt einen weiteren Vorstoß unternommen, um die Bundesarbeit effektiver zu gestalten. Mit einer fachlich fundierten Begleitung hatte er eine Umfrage in allen Gemeinden gestartet. Er wollte von ihnen wissen, welche Aufgaben der Bund zu leisten hat, welche Einrichtungen für die Gemeinden hilfreich sind und was weniger gefragt ist. Das war nach Schaefers Überzeugung der Beginn einer fruchtbaren Initiative, die dann aber – leider – schon bald von der bereits erwähnten Krise überschattet und nicht weiterverfolgt wurde. Andere Themen bestimmten die Tagesordnung. Die nach der Krise gewählte Bundesleitung und ihre Präsidenten haben nach seiner Überzeugung eine vom Umfang her bewundernswerte Arbeit geleistet. In dieser Zeit wurden neue Strukturen entwickelt, die den Bund heute prägen und arbeitsfähig halten. »Die Strukturveränderungen sollten die Effektivität im Bund verbessern und die Transparenz fördern. [...] Wir sind noch auf dem Weg. Denn um diese Struktur mit Leben zu erfüllen, brauchen wir ein hohes Maß an Kommunikation«, schrieb Siegfried Großmann nach fünf Jahren Arbeit in seinem letzten Präsidentenbericht.

Bei aller grundsätzlichen Wertschätzung der geleisteten Arbeit – Eckhard Schaefer sieht manche Entwicklungen aber auch kritisch. So vergleicht er die Strukturen im Bund mit einem Gerüst beim Bau eines Hauses: »Ein Baugerüst ist wichtig. Wichtiger aber ist der Bau des Hauses. Und das Baugerüst sollte nicht mehr Aufmerksamkeit erhalten als der Bau selbst. Design ist schön, aber Sein ist wesentlicher. Wenn ein Boot in stürmischer See schaukelt, sollten nicht Organisationsberater das Steuer übernehmen. Es gehört in die Hand des Kapitäns Jesus Christus«, meint er. »In einer Krise sollten die Gemeinden und auch die Leitung eines Bundes ihre geistlichen Schätze auspakken, ein Fasten und Beten ausrufen, Männer und Frauen berufen, ›die Heilsöl austeilen und Wunden kitten‹ können und nicht ›Systemkleber‹ produzieren.« Er ist traurig, dass seine frühere Arbeitsstelle – das Bundesmissionshaus – zur Bundesgeschäftsstelle umbenannt wurde. Er weiß aber, dass die Mitarbeiterinnen und Mitarbeiter dort immer noch aus Überzeugung singen »Wer nur den lieben Gott lässt walten« und nicht »Wer nur den lieben Gott verwaltet«.

Unvergessen in Osteuropa

Seit dem Jahr 2000 ist Eckhard Schaefer aus dem Dienst ausgeschieden. Er hat in dieser Zeit ganz unterschiedliche Erfahrungen gemacht. Gerade in Osteuropa scheint er unvergessen zu sein. Immer wieder bekommt er aus dem Theologischen Seminar in Odessa eine E-Mail. Da fragen die Studenten nach, wie es ihm gerade geht und welche Aufgaben er gegenwärtig wahrnimmt – weil sie beispielsweise eine Woche lang gezielt für ihn beten wollen. Dozenten, die Kontakte in die Länder der früheren Sowjetunion haben, erzählen von ähnlichen Erfahrungen. Dass Studenten, die er persönlich gar nicht mehr kennengelernt hat, ihn noch nach Jahren auf ihrer Gebetsliste haben, hängt sicherlich damit zusammen, dass die Verantwortlichen von der früher erfahrenen Hilfe beim Bau des Seminars erzählen. Für ihn ist das beispielhaft, wie man Geschichte lebendig hält.

Vielleicht gibt es aus Osteuropa deshalb eine so gute Resonanz, weil er und mit ihm der Bund nie nur mit der Brieftasche geholfen haben. Es ging immer auch um die Kontakte von Mensch zu Mensch.

Ein Freund der Baptisten in aller Welt

Auch der bis Dezember 2007 amtierende Generalsekretär des Baptistischen Weltbundes, Dr. Denton Lotz (Falls Church bei Washington), ist vom Verhandlungsgeschick von Eckhard Schaefer und dessen Engagement gerade für Osteuropa tief beeindruckt. Er hat notiert: »Eckhard Schaefer war als Pastor und als Generalsekretär des Bundes Evangelisch-Freikirchlicher Gemeinden ein herausragender Freund des Baptistischen Weltbundes. Es war seine besondere Gabe, soziale Fragen mit der persönlichen Evangelisation zu verbinden. Der Theologieprofessor Helmut Thielicke nannte dies ›Simultanität‹. Es war und ist sein Hauptanliegen, Männer und Frauen zum persönlichen Glauben an Jesus Christus zu führen. Ihm war immer klar: Das Evangelium ist ein Ruf zur persönlichen Errettung und zur Wiedergeburt. Und er hat bis heute auch verstanden, dass Wort und Tat zusammengehören. Ein Christ kann nicht nur über seinen Glauben sprechen, er muss auch entsprechend handeln. Er hat sein Spitzenamt in der Freikirche während einer kritischen Phase in der Weltpolitik angetreten. Seiner bemerkenswerten Leitung ist es zu verdanken, dass viele osteuropäische Baptistenbünde die ersten Schritte in die Selbstständigkeit gehen konnten. Die deutschen Baptisten waren immer sehr treue Leute, die ihre Gaben dazu eingesetzt haben, den Armen und Notleidenden zu helfen. Dies galt vor allem für Osteuropa. Viele der deutschen Baptisten waren selber einmal Flüchtlinge gewesen. Aus der Tiefe ihrer Herzen haben sie deshalb immer wieder ihre Geldbörsen geöffnet, um jene Brüder und Schwestern zu unterstützen, die unter dem Kommunismus gelitten haben. Immer wieder hat Schaefer dazu ermutigt und die Baptisten dafür begeistert, dass die Brüder und Schwestern in Osteuropa in die Lage versetzt werden konnten, theologische Seminare, Schulen, Waisenhäuser und Gemeindezentren zu bauen. Für mich war und ist Eckhard Schaefer ein guter persönlicher Freund und auch ein guter Seelsorger. In der problematischen Zeit, als die südlichen Baptisten in den USA 2004 aus dem Baptistischen Weltbund austraten und dabei falsche Beschuldigungen erhoben, hat er mich und die anderen Mitarbeiter im Baptistischen Weltbund in Briefen immer wieder ermutigt. Er hat eine große Vision von einer Welt, wie sie Nachfolger Jesu haben, wenn sie ihre Herzen und Sinne dem Heiligen Geist in der Welt von heute öffnen.«

Ein feinfühliger Seelsorger

Dass Eckhard Schaefer seinen Ruhestand in Bremen verlebt, ist kein Zufall. Die Gemeinde hat sich intensiv darum gekümmert, dass er und seine Frau in der Hansestadt eine passende Wohnung fand. Das war eine große Hilfe, denn von Bad Homburg aus wäre es ihnen sehr schwergefallen, die Wohnungssuche erfolgreich abzuschließen. Dass das Paar dann wirklich kam, darüber freut sich Bernhard Sandersfeld besonders. Als Eckhard Schaefer in Bremen Gemeindepastor war, war der heute 86-Jährige zusammen mit Bodo Riedel Gemeindeältester. Er hat festgehalten: »Unter der Leitung von Eckhard Schaefer konnte sich jeder mit seinen individuellen Gaben und Fähigkeiten gut entwickeln. Wir hatten mehrere Gruppen in der Gemeindebibelschule und auch andere Dienstgruppen, aber wenig Gruppenräume. Also planten wir unter der maßgeblichen Regie unseres Pastors einen Erweiterungsbau unserer Kreuzkirche. Die Verhandlungen mit den Behörden, aber auch die Motivation der Gemeindemitglieder lagen bei Schaefer in guten Händen. Die Mitglieder der Gemeinde legten in zwei Jahren zusätzlich zu ihren Gemeindebeiträgen eine Million Mark als Bauopfer zusammen, und die Baudarlehen waren nach zehn Jahren abgetragen.

Während der Bauzeit waren wir mit 160 Teilnehmern zu einer Silvesterfreizeit an der Nordsee in Norden/Norddeich. Am Neujahrstag bat er die Ältesten und ihre Ehefrauen zu sich. Er zeigte uns ein ziemlich verfallenes altes Bauernhaus. Ein Architekt unserer Gemeinde zeigte uns einen Plan von diesem Haus mit vielen Wohnungen und Zimmern. Wir gingen in das Haus – und erschreckten offenbar einige Obdachlose. Sie suchten jedenfalls das Weite und blickten Eckhard

Schaefer kritisch an. Für dieses zerfallene Haus gäbe es keine müde Mark. Doch er und mit ihm der Architekt Erhard Horstmann sowie ein Bruder aus der Gemeinde Norden, Wilfried Erhardt, ließen sich dadurch nicht beeindrucken. Und so schlossen wir Älteste uns ihrer Überzeugung an und erwarben dieses Haus. Tatsächlich wurde es umgebaut und renoviert. Heute steht dort das Gästehaus ›To Huus‹. Dort starteten wir mit einer Fastenwoche. Die Leitung hatte Schaefer. In dieser Zeit machten wir viele Erfahrungen mit dem Heiligen Geist. Die Erfahrung war so ermutigend, dass wir später mit der gesamten Gemeinde mehrere Fastenwochen durchführten. Für unseren Pastor gab es viel zu tun, denn ununterbrochen musste er Seelsorgegespräche führen.

1982 bekam er dann Unterstützung durch Pastor Volkmar Glöckner. Wir entwickelten uns zu einer Gemeinde, die man mit Fug und Recht ›Lobpreisgemeinde‹ bezeichnen konnte. 1986 kam noch Peter Krusemark hinzu. Allerdings erschreckte es uns, als Eckhard Schaefer parallel zur Gemeindearbeit zum Dozenten am Theologischen Seminar berufen wurde. Und noch größer wurde der Schreck, als er uns ganz verließ und in das Bundeshaus in Bad Homburg berufen wurde. Da mussten wir Abschied nehmen. Nach Bremen hielt er aber immer die Verbindung aufrecht. Und es freut uns besonders, dass er Bremen als seinen Ruhesitz auserwählt hat. Andererseits: Eckhard Schaefer als Ruheständler? Das ist undenkbar. Und so beriefen wir ihn gleich zum Ältesten und Gemeindeleiter. Dennoch: Auch er ist kein Jugendlicher mehr. Auch er merkt, dass er älter geworden ist. Als im Frühjahr 2006 eine Herzoperation anstand, haben wir alle gebangt und gebetet. Dass er mich auf meiner persönlichen letzten Wegstrecke begleitet, ist mir eine besondere Freude.«

Probleme mit dem Herzen

Die Herzoperation hat Eckhard Schaefer gut überstanden. Gemeindemitglieder im Krankenhaus zu besuchen gehörte zu seinen Aufgaben als Pastor. Aber selbst im Krankenhaus zu liegen, war für ihn eine traumatische Vorstellung. Als der Operationstermin unvermeidbar war, hat Gott auch diese Zeit zu einer Segenszeit werden lassen. »Ich habe erfahren, wie Gottes Frieden Herz und Gemüt ausfüllt«, erzählt er. Die Operation war nötig geworden, weil er an einem Sonntag auf dem Weg zu einem Gemeindehaus plötzlich »wie aus heiterem Himmel« nicht mehr weitergehen konnte. Er hatte das Gefühl, als ob sein linker Arm und die Herzgegend in einen Schraubstock gespannt wären. Er erinnert sich: »Ich dachte, gleich fällst du um und bist am Ziel. Dann kannst du vergleichen, ob alles, was du früher über den Himmel gepredigt hast, auch in Wirklichkeit so zutrifft. Gleichzeitig sagte ich mir jedoch auch: Du Narr, dir werden doch deine Torheiten von früher nicht mehr einfallen. Die Gedanken gingen hin und her. Ich freute mich, eventuell schon bald bei Jesus zu sein, und musste dann wieder an meine Frau und die Familie denken. Vier Wochen vorher war meine Enkeltochter geboren, die ich am vierten Tag einmal auf dem Arm hatte. Ich fragte mich: Haben die Kinder wenigstens ein Foto gemacht? Dann schämte ich mich über meine Eitelkeit. Das Heilige und das Profane waren sehr vermengt.«

Die Zeit nach diesem Angina-Pectoris-Anfall (Durchblutungsstörung des Herzens) und nach der Operation empfindet Eckhard Schaefer als geschenkte Zeit. Jeden Morgen stimmt er die Liedstrophe an: »All Morgen ist ganz frisch und neu des Herren Gnad und große Treu«. Und bei jeder Anfrage nach einem Dienst schaut er in seinen Kalender und liest über jeder Kalenderseite die handschriftliche Eintragung: 4,15. Dahinter verbirgt sich für ihn der Hinweis auf ein Bibelwort: »Wenn der Herr will, werden wir leben und dies oder das tun« (Jakobus 4,15).

Nachwort von Eckhard Schaefer

Erinnern geschieht immer aus der persönlichen Perspektive dessen, der etwas erlebt hat. Er muss seine Erinnerungen in seine Biografie einordnen und ihnen in diesem Rahmen Sinn abgewinnen. Dreimal habe ich mich mit Klaus Rösler jeweils einen ganzen Tag lang getroffen und viermal haben wir jeweils zwei Stunden telefoniert. Bei diesen Begegnungen habe ich die Augen geschlossen und mich erinnert. Klaus Rösler hat aus vielen Puzzleteilen dieses Buch geschrieben. Ich möchte mich bei ihm herzlich bedanken. Für mich selbst ist dabei wichtig geworden, dass es wirklich zutrifft, was der Apostel Paulus so beschreibt: »Wir wissen aber, dass denen, die Gott lieben, alle Dinge zum Besten dienen« (Römer 8,28). Diese Erfahrung zieht sich wie ein roter Faden durch mein Leben.

Ob ich noch Wünsche habe, wurde ich gefragt. Und auch, was ich heute anders machen würde. Natürlich habe ich Wünsche. Ich würde gerne im Jahr 2014 gemeinsam mit meiner Frau den Tag der goldenen Hochzeit erleben und dieses Fest gemeinsam mit den Töchtern, Schwiegersöhnen und Enkelkindern in Gesundheit feiern. Aber wer weiß? Ich will dankbar bleiben, auch wenn es anders kommt. Ich würde gerne bis zu meinem Lebensende Gottesdienste erleben, die eine immer neue Faszination des alten neuen Evangeliums vermitteln. Ich würde gerne weiterhin in einer Gemeinde leben, die nicht mit sich selbst beschäftigt ist und von der Institution sehr machtvoll, aber vom Leben in der Nachfolge Jesu sehr dürftig redet. Ich würde weiterhin gerne in einer Gemeinde der Heiligen und nicht der Eiligen leben. Wenn wir immer wieder zu unseren Ursprüngen zurückkehren würden, könnten wir zu einer Avantgarde werden. Wir würden dann nicht unter der Herrschaft des Diesseits, sondern im Dienste Gottes stehen, der gestern, heute und morgen derselbe ist. Dann würde die Gemeinde Jesu auch wieder wichtig für die Welt werden. Predigten, in denen die Selbsterfahrungswünsche der Hörer bedient werden, waren nicht meine Sache.

Und was ich anders machen würde, wenn ich heute dazu eine Chance bekäme? Ich würde meine Verantwortung in den Bereichen Partnerschaft, Familie, Beruf, Gesellschaft anders gewichten – zugunsten des Gottesdienstes in und an der Familie. Dankbar bin ich, dass ich mit meiner Vergangenheit versöhnt sein kann. Das ist etwas anderes, als mit allem zufrieden zu sein.

Seit Jahrzehnten lebe ich mit einem Bibeltext, der in mir die Hoffnung nährt, noch einmal einen geistlichen Aufbruch in wirkungsvoller Tiefe und größerer Breite zu erleben. Ich denke an Simeon, der an seinem Lebensende noch einmal erlebt, worauf er immer gehofft hat: »Meine Augen haben deinen Heiland gesehen« (Lukas 2,30). Ich möchte am Ende meines Lebens sagen können, ohne traurig zu sein, nicht mehr als Mitgestalter daran direkt beteiligt zu sein: Meine Augen haben gesehen, wofür ich gelebt und wovon ich geträumt habe: eine Erweckung in Deutschland.